나를 알고 싶어서
그림책을 펼쳤습니다

나를 알고 싶어서

그림책을 펼쳤습니다

김수영 지음

차 례

들어가는 말 … 06

1부. 내 맘대로 안 되는 나

1. 나는 왜 거울에 비친 나를 사랑할까? … 13
2. 나는 왜 배고프지 않아도 끊임없이 먹을까? … 31
3. 나는 왜 아무리 노력해도 가질 수 없을까? … 54

2부. 욕망과 관계의 마법

1. 사랑받고 싶은데 왜 버려져야 해? … 73
2. 뻥 뚫린 가슴, 누가 채워 줄 거야? … 98
3. 말리지 마, 신나게 살 거야! … 112

3부. 무의식, 너란 녀석

1. 내 안에 똬리 튼 넌 누구냐? … 129
2. 그때 나는 왜 그렇게 말했을까? … 146
3. 나는 왜 죽음을 두려워할까? … 164

4부. 트라우마 달래기

1. 나는 왜 이유도 없이 슬픈 거야? … 189
2. 죽고 싶다는 말, 정말일까? … 208
3. 트라우마는 애도 없이 사라지지 않는다 … 230

나오는 말 … 252

들어가는 말

나를 알고 싶다면
그림책을 펼쳐 보세요

글과 그림이 어우러져 새로운 서사를 만들어 내는 그림책. 이런 그림책을 분석하는 일은 언제나 재미있습니다. 양파 껍질 벗기듯 한 장 한 장 신중하게 보고 또 보다 보면 생각지도 못한 메시지가 불쑥 튀어 오르기도 하지요. 그럴 때 느끼는 희열은 어디에도 비할 데가 없습니다. 그런 까닭에 그림책 읽는 '어른'이 부쩍 많아진 건 아닐까요.

라캉 정신분석을 본격적으로 공부한 것은 순전히 논문을 쓰기 위해서였습니다. 너무 어려워서 괜히 시작했다 하고 후회도 많이 했답니다. 그런데 공부하면 할수록 라캉은 삶의 고비마다 겪은 이해할 수 없고 황당했던 기억을 납득할 수 있게 설명해 주는 유일한 학문이라는 생각이 듭니다. 이러한 라캉의 이론을 그림책에 접목해 살펴보니, 이만큼 짧고 강렬하게 인생의 핵심을 짚어 주면서 인간의 내면에 바투 다가가는 장르가 또 있을까 싶습니다.

그래서 생각했습니다. 그동안 그림책과 라캉의 만남에서 내가 느끼고 얻은 위안을 더 많은 이들에게 전하고 싶다고요. 마음이 아파 병원을 찾기 전에 나의 무의식에서 일어나는 일에 귀 기울일 수 있다면, 삶이 조금은 편안해지지 않을까 하고 말입니다. 그런 마음으로 더불어 공부하며 기록해 온 졸고를 한 권의 책으로 내놓게 되었습니다.

'나'란 존재는 원래부터 있어 온 세상에 내 의지와 상관없이 '뚝 떨어졌습니다!' 내가 없던 때에도 톱니바퀴처럼 맞물려 돌아가던 세상에 이질적인 존재인 내가 갑자기 나타난 것이지요. '나'는 태어나자마자 처음 마주한 부모에게 익숙해져야 하고 낯선 공간, 낯선 바람, 낯선 냄새에도 잘 적응해야 합니다. 나보다 먼저 이 땅에 발 디딘 타자들이 웃고 떠들고 화내는 동안 나는 내가 원하는 걸 얻기 위해 저들의 '말'을 배우고 나의 존재를 각인시켜야 합니다. 참으로 고

달프고 힘든 일일 텐데, '지금' 내가 여기 버티고 있는 것을 보면 '나'는 용케도 그 일을 잘 해낸 모양입니다.

타자의 세상에서 '나'는 크고 작은 관계를 만들어 갑니다. 세상을 순조롭게 살기 위해 관계만큼 중요한 건 없으니까요. 하지만 알다시피 모든 게 생각대로 되지는 않습니다. 세상 사람들이 다 내 맘 같으면 무슨 걱정이 있을까요? 남과 좋은 관계를 유지하려 애쓰다가도 한순간 나도 모르게 관계를 망쳐 버릴 때가 있습니다. 언제나 이성적이라고 자부했는데, 속절없이 무너져 쪼그라든 나를 마주하고 괴로워하기도 하고요. 늘 헛헛함을 느끼지만 내가 진심으로 바라는 게 무엇인지는 헷갈립니다. 그렇게 우리는 '가장 이해할 수 없는 것은 나 자신'이라는 결론에 다다르게 됩니다.

삶이 나를 속인다고 생각될 때, 어린 시절의 경험이 지금의 나에게 어떤 영향을 주었는지 궁금할 때, 또 나는 왜 이토록 사랑과 인정에 목말라하는지 의문이 들 때, 진짜 나를 알고 싶다면 그림책을 펼쳐 보라 권하고 싶습니다.

그림책의 그림에는 작가의 무의식이 직관적으로 표현되어 있고, 글과 그림이 상호 작용하면서 독특한 스토리를 형성합니다. 여기에 우리 삶을 관통하는 프로이트와 라캉의 정신분석이 더해지면, 보다 쉽고도 깊이 있게 '나'를 들여다볼 수 있습니다. 그림책과 함께 나를 탐구하다 보면 '너'와 '우리'를 이해하게 되는 건 덤이지요. 결국 관계 속의 개인일 수밖에 없는 나는 어느새 그림책에서 얻은 힌트들로 그 관계 속에서 행복해지는 길을 찾고 있을 것입니다.

일러두기

* 작가명 표기는 국립국어원 외래어 표기법을 기준으로 하되,
  출처와 저작권 표기에서는 해당 작품을 출간한 국내 출판사의 표기를 따랍니다.
* 일부 작품은 저작권 문제로 책 표지 등 관련 도판을 수록하지 못했습니다.

1부
내 맘대로
안 되는 나

우리는 누구나 잘 살고 싶다.
한 번뿐인 인생, 후회 없이 살고 싶다.
그러나 살다 보면 인생이 마음먹은 대로 되지 않는다는 걸 알게 된다.
생각해 보면 우리는 '나' 자신도 내 맘대로 어쩌지 못할 때가 많다.

우리는 누구나 잘 살고 싶다. 한 번뿐인 인생, 후회 없이 살고 싶다. 그래서 계획도 꼼꼼히 세우고 열심히 노력도 한다. 그러나 살다 보면 인생이 그다지 마음먹은 대로 되지 않는다는 걸 알게 된다. 밤잠 못 자고 공부했는데 원하는 대학에 들어가지 못해 실의에 빠지거나, 밥 먹듯 야근해도 회사에서 인정받지 못해 화가 난다. 그럴 때 우리는 이렇게 푸념한다. "내 맘대로 되는 게 하나도 없어!"
그러나 어디 내 맘대로 안 되는 게 세상뿐이랴. 생각해 보면 우리는 '나' 자신도 내 맘대로 어쩌지 못할 때가 많다. 새해 첫날마다 결심은 잘도 하지만 목표를 이루는 경우는 거의 없고, 막상 원하는 걸 손에 넣어도 만족감이 오래가지 않는다. 어쩌면 마음조차도 이렇게 왔다 갔다 할까?
라캉에 따르면, 인간은 유아기에 거울에 비친 완벽한 '나'를 자아로 받아들인다. 그런데 진짜 내가 아닌 거울상이 자아가 되면서 자기애와 더불어 불안과 경쟁과 질투의 감정도 생긴다. 내가 내 맘대로 안 되는 이유 중에는 충동과 욕망도 있다. 배고프지 않아도 자꾸 먹는 바람에 다이어트에 실패한 경험, 많을 것이다. 몰래 엿듣거나 엿보면 안 되는 줄 알면서도 귀를 세우고 눈을 돌리는 '나'를 발견할 때도 있다. 내 의지로 나를 제어하기 힘들다면 그건 대부분 충동 때문이다. 우리는 욕망하는 인간이 되어 역동적으로 살지만 원하는 걸 항상 가질 수는 없다. 가졌다고 생각한 순간 더 큰 무엇을 욕망하게 되기 때문이다. 아무리 노력해도 가질 수 없는데, 심지어 가질 수 없다는 걸 아는데도 욕망을 멈출 수 없을 때 문득 삶의 고단함을 느낀다.
왜 나만 힘들까? 내가 문제인가? 나는 어떤 사람인가? 질문은 끝이 없고 뚜렷한 답도 없다. 1부에서는 이토록 고민되는 '나'에 관해 이야기해 보려 한다. 라캉이 말하는 자아와 충동과 욕망이 그림책에서 구현되는 방식을 살펴보며 지금 나에게는 어떻게 투영될 수 있을지도 같이 생각해 보면 좋겠다.

1

나는 왜 거울에 비친 나를 사랑할까?

우리는 시시때때로 거울을 본다. 자고 일어나서 보고, 세수하고 나서 보고, 옷을 입으면서도, 밥을 먹고 나서도 본다. 왜 그렇게 자주 거울을 들여다볼까? 거울에 비친 내가 너무 예뻐서? 고개를 끄덕일 사람도, 그게 무슨 소리냐고 당장에 반발할 사람도 있을 것이다.

하지만 "왜 이렇게 못생겼어?" 하고 투덜거리면서도 우리는 거울 속 내 얼굴에서 쉽게 눈을 떼지 못한다. 틈틈이 앞머리를 매만지고, 눈곱을 떼고, 뺨이며 턱도 쓸어 본다. 거울 앞에서 입꼬리를 끌어 올리며 웃어 보기도 한다.

마음에 들면 드는 대로 마음에 안 차면 안 차는 대로 우리는 자꾸만 거울에 비친 모습을 확인한다. 우리는 왜 자꾸 거울을 볼까? 무엇을 확인하고 싶은 걸까? 거울에 비친 '나'와 사랑에 빠지기라도 한 것일까? 나를 이해하는 것과 거울은 어떤 관계가 있을까?

거울 속의 너는 나
《거울속으로》

 가장 먼저 이수지 작가의 《거울속으로》(이수지 지음, 비룡소, 2009)를 살펴보자. 세로로 긴 책장을 넘기다 보면, 속표지 다음 장 오른쪽 아래에 한 아이가 웅크리고 앉아 있다. 아이의 표정은 밝지 않다. 아니, 슬프거나 외로워 보인다. 왼쪽 면은 비어 있다. 그런데 한 장 더 넘기면 비어 있던 왼쪽 면에 아이 하나가 나타난다. 웅크리고 있던 오른쪽 아이가 왼쪽 아이를 발견하고 깜짝 놀란다.
 두 아이는 가운데 제본 선을 경계로 대칭을 이룬다. 이쯤 되면 독자는 왼쪽 면이 거울이라는 사실을 알아챌 수 있을 것이다. 아이는 거울을 보면서 맞은편 아이를 탐색한다. 힐끗거리기도 하고 장난스러운 표정을 지어 보이기도 한다. 그러다가 마주 보이는 그 아이가

거울에 비친 자기 자신이라는 것을 깨닫는다.

둘 사이에 뭔가가 역동적으로 피어오른다. 따뜻하고 사랑스러운 색감이 둘 사이에서 확장된다. 거울에 비친 자기 모습이 만족스러운 듯 둘은 활짝 웃으며 아주 행복하게 날아오른다. 제본 선을 따라 데칼코마니로 그려진 그림은 정확히 거울 대칭을 이루며 아이의 환희를 두 배로 표현하고 있다.

두 아이는 현실과 거울 사이의 경계선 안으로 점점 빨려 들어간다. 그러다 어느 순간 사라진다. 거울에도 현실에도 아이는 없다. 양쪽 면이 모두 하얗게 비어 버린다. 독자들은 대부분 이 장면에서 깜짝 놀라고 더러 무서워하기도 한다.

인간은 거울을 통하지 않고는 내 모습을 완벽하게 볼 수 없다. 성인에게는 지극히 당연한 사실이다. 하지만 태어나서 처음으로 거울을 본 아기라면 어떨까?

라캉이 말하는 거울 단계, 즉 거울을 통한 자아 형성은 생후 6개월에서 18개월 사이에 처음으로 거울 속 이미지를 자기 모습으로 인식하면서 일어난다. 태어난 지 얼마 안 된 아기는 몸을 마음대로 움직일 수 없다. 아기의 눈에 보이는 자기 모습은 팔, 다리, 손, 발 같은 부분들이라 아기는 자기 몸이 원래부터 따로따로 떨어져서 존재하는 줄 알 것이다. 제 마음처럼 움직여 주지 않는 몸이 파편화되어 있다고 느끼는 것이다. 그러다가 거울을 통해 처음으로 자기 자신을 인식하는 날이 온다. 물론 어머니(최초 양육자)가 "저게 너다."라고 가르쳐 주어서 가능한 일이다.

그때 거울에 비친 자기 모습을 알아본 아기들은 하나같이 탄성을 지르며 좋아한다고 한다. 거울 속 이미지가 너무 완벽하고 아름다워 보이기 때문이다. 내가 아는 '나'는 파편화된 몸을 지닌 불편하고 불완전한 존재인데, 거울에 비친 모습은 하나의 통일된 개체이면서 몸을 자유자재로 움직이는 완벽한 존재로 보인다. 게다가 어머니는 거울 속 나에게 예쁘다고 말해 주기까지 한다. 그렇게 아기는 거울에 비친 '예쁘고 완벽한 나'를 '나'로 받아들인다. 이것이 거울 단계에서 이루어지는 자아 형성이다.

그림책에서 오른쪽의 실제 아이는 왼쪽 거울에 나타난 이미지를 보면서 그것이 자기 자신이라는 것을 확인하고 기뻐한다. 둘이 신나게 놀다가 합쳐지는 장면은 '동일시'를 나타내고, 아이가 거울 속 이미지를 통해 '자아'를 형성했음을 상징적으로 보여 준다. 원래 거울 단계를 통해 '자아'를 형성하려면 반드시 어머니의 인정이 필요하다. 그림책 속 이야기가 시작되기 전에 이러한 어머니의 인정 단계가 있었다고 가정하면, 거울을 통한 자아 형성을 이만큼 잘 보여 주는 그림책도 없다.

깨진 것은 누구인가?

거울상을 '자아'로 받아들인다는 건 무슨 의미일까? 그림책을 한 장 더 넘기면, 완전히 합쳐져 사라졌던 두 아이가 제본 선에서부터 다시 나타난다. 재미있는 점은 그 둘이 서로 같은 쪽을 향해 있다는 것이다. 이때부터 두 면은 대칭이 아니다. 실존하는 오른쪽 아이도, 거울상인 왼쪽 아이도 열심히 발레를 한다. 발레에 점점 심취하면서 처음에는 일치했던 두 아이의 동작이 어느 순간부터 서로 달라진다. 거울상과 실존하는 내 몸이 완전히 일치할 수는 없음을 상징적으로 보여 주는 장면이다.

동작이 달라지면서 오른쪽 아이가 왼쪽 아이를 따라 하고 있었다는 사실이 드러난다. 조금 뒤 왼쪽 아이가 서로 동작이 맞지 않음을 눈치채고, 오른쪽 아이에게 화를 낸다. 거울상이 실존하는 '나'에게 화를 내다니! 이를 통해 실존하는 아이보다 거울 속 아이가 상황을 더 주도하고 있음을 알 수 있다.

결국, 왼쪽 아이가 오른쪽 아이를 밀어 버린다. 순간 오른쪽 아이가 있던 면이 기우뚱하더니 그대로 산산조각이 난다. 남아 있던 왼쪽 아이는 놀라 움츠린다. 그럴 줄 몰랐다는 듯이. 그리고 맨 첫 장면에서 오른쪽 아이가 그랬던 것처럼 괴로운 듯이 웅크려 앉는다.

깨진 건 누구인가? 누가 거울이고 누가 실제 아이인가? 설마 거울이 아니라 실존하는 몸이 깨진 것인가? 그렇게 본다면 이 장면은 '소외'를 상징한다고 해석할 수도 있겠다. 거울상을 자아로 받아들이는 대신 불완전하고 파편화된 몸을 가진 주체가 소외되는 것이다. 아이들은 이 장면을 무서워하기도 하는데, '나'라고 생각한 대상이 깨지는 경험이 논리적으로 설명할 수 없는 불안을 주기 때문일 것이다.

거울상과 동일시를 통한 자아 형성은 주체로 나아가기 위해 꼭 필요하지만, 한편으로는 진짜 '나'를 잃어버리는 일이기도 하다. 타자(여기서는 어머니)가 인정해 준 완벽한 이미지를 '나'로 받아들였으나 진짜 '나'의 주체성은 소외되었으니, 우울하고 두려운 마음이 드는 것도 어쩌면 당연하다. 그렇지만 '나'가 '나'를 알아보는 것은 거울처럼 나를 비추는 매개체를 통해서만 가능하므로, 주체를 구성하는 과정에서 거울 단계는 필연적이다.

《거울속으로》의 뒤표지에서 아이는 거울을 보고 있는데, 거울은 아이의 뒷모습을 비추고 있다. 초현실주의 작가 르네 마그리트의 그림 〈금지된 재현〉(La Reproduction interdite, 1937)을 패러디한 것이다. 마그리트의 그림처럼 이 장면은 결국 현존하는 것과 거울상이 동일할 수는 없다는 것을 보여 준다. 그러니까 거울 속 이미지가 진짜 '나'가 아님을 다시 한번 확인시켜 주는 그림이라고 할까?

거울에 비친 나를 사랑하는 것은 그곳의 '나'가 완벽하다고 생각하기 때문이다. '나'를 혼자 아는 것으로는 만족할 수 없다. 누군가가 여기에 동의해 주고 칭찬해 줄 때 '나'는 행복을 느낀다. 어머니가 늘 그런 역할을 해 주었으니 당연하다. 그래서 사람들이 잘난 '나'를 알아주길 바라는 마음으로 공부도 열심히 하고, 착한 일을 찾아서

하기도 한다. 때로는 잘난 나를 알아주지 않는 세상이 야속하고, 그래서 불행하다고 느끼기도 한다.

하지만 생각해 보라. 사람은 누구나 거울을 통해 자아를 형성한다. 그 말인즉 남들도 모두 나처럼 '잘난 나'를 알아주기를 바란다는 것이다. 세상이 알아주지 않는 '잘난 나'는 나뿐이 아니다. 그러니 너무 심각해지지 않아도 괜찮다. 그저 내가 원하는 것을 상대도 원한다는 사실만 잊지 않으면 된다.

한편, 인간이 거울 단계를 통해 '자아'를 형성할 때 영향을 미치는 존재가 둘 있다. 바로 거울 옆에서 아기를 안고 "예쁘지? 저게 바로 너야." 하면서 거울 속 이미지를 자기 자신으로 인식하게 도와주는 모성적 타자(어머니)와 거울처럼 자신을 비추는 타인(친구, 동생 등)이다. 그림책 《파도야 놀자》를 통해 엄마와 아이의 관계를, 《고양이는 나만 따라 해》, 《나도 같이 놀고 싶어!》를 통해 친구의 역할, 타인과의 관계 맺음에 대해 살펴보려 한다.

보이지 않아도 곁에 있어
《파도야 놀자》

　아이가 신나게 바다로 달려온다. 양산을 쓴 엄마는 뒤에서 흐뭇한 얼굴로 아이를 바라보고만 있다. 책을 펼쳐 첫 장을 넘기면 나오는 풍경이다. 《파도야 놀자》(이수지 지음, 비룡소, 2009)는 가로로 긴 판형인데, 왼쪽 면에는 흑백으로 그려진 아이와 갈매기들이 있고, 오른쪽 면에는 푸른 바다가 있다. 제본 선을 기점으로, 파도는 한동안 아이 쪽으로 넘어오지 못한다. 아이가 아무리 도발해도 말이다.

　어느 순간 아이가 경계를 넘어 파도 속으로 들어간다. 그리고 신나게 논다. 멀리서 큰 파도가 밀려오자 아이는 얼른 제본 선 왼쪽, 그러니까 경계선 밖으로 빠져나온다. 아이는 파도를 보면서 안심한 듯 혀를 내민다. 그러나 파도는 가뿐하게 경계선을 넘어 아이를 덮친다. 아이는 물에 푹 젖고 만다. 이제 바다와 온전히 하나가 된 아이는 파도가 가져다준 조개랑 소라를 건져 내며 즐거워한다. 지금까지 화면 밖에서 아이가 노는 모습을 보고만 있던 엄마가 다시 나타난다. 아이는 바다와 작별하고 미련 없이 엄마 품으로 돌아간다.

그림책 속 엄마는 아이의 놀이에 끼어들지 않는다. 아이를 바다에 데려다주고 아이가 충분히 놀 때까지 기다려 준다. 아이는 엄마가 곁에 있다는 안정감 속에서 마음껏 뛰어논다. 파도가 위협해 와도 엄마가 항상 자기를 지켜 줄 것이라고 믿기 때문이다.

사라지는 것도 돌아오는 것도 내 뜻대로

아기가 태어나면 일정 기간 전적으로 어머니의 보호 아래에 있게 된다. 갓 태어난 아기는 배고프면 젖을 물리는 어머니를 자기 자신과 한 몸으로 인식한다고 한다. 어머니의 젖가슴도 자기 몸의 일부로 느끼는 것이다. 한동안 그런 상태가 지속되지만, 시간이 지나면서 엄마도 가끔 아기 곁을 떠난다. 아기를 보살피는 일 말고도 해야 할 일은 많으니까. 심지어 젖을 먹일 시간이 지나도록 돌아오지 못할 때도 있다.

배가 고픈데도 자기 입에 젖꼭지가 들어오지 않으면 아기는 당황한다. 그럴 때 아기는 운다. 울어서 자기가 어떤 상태인지 알리고, 어머니가 최대한 빨리 돌아와 젖을 물려 주길 바란다. 이때부터 아기는 '나'와 어머니의 젖가슴, 그러니까 자신과 어머니가 하나가 아니라는 사실을 깨닫는다. 어머니가 언제든 나에게서 떨어져 나갈 수 있다는 사실에 아기는 불안을 느낀다.

프로이트가 언급한 '포르트-다(fort-da)' 놀이라는 것이 있다. 몇 주간 프로이트와 함께 살던 부부의 한 살 반 된 아이가 나무 실패를 가지고 노는 모습을 관찰하고 이름을 붙인 것이다. 아이는 실패를 커튼 뒤로 던지고 실패가 모습을 감추면 "오-오-오-오!"라고 외쳤다. 프로이트는 그것이 단순한 감탄사가 아니라 독일어 fort('가 버려', '사라져 버려'라는 의미로)를 뜻한다고 해석했다. 그러고 나서 아이는 실을 잡아당겨 실패가 나타나자 "da!"('거기에 있네'라는 의미로)라고 소리치며 즐거워했다. 이는 자신이 실패를 사라지게도, 돌아오게도 할 수 있다는 기쁨을 표현한 것으로 보았다.

프로이트는 실패가 어머니를 상징한다고 해석했다. 어머니가 사라지는 일은 아이에게 '슬프다'는 감각 이상으로 엄청난 불안감을 준다. 어머니의 부재는 근본적으로 자기 생존을 위협하는 것이기 때문이다. 그러다가 어머니가 돌아오면 이전에 느낀 불안 이상으로 감동과 안도감을 느낀다.

'포르트-다' 놀이는 어머니가 사라졌다가 되돌아오는 상황을 상징화하는 행위다. 아이는 어머니를 상징하는 실패를 직접 던졌다가 회수하는 놀이를 반복하면서 어머니의 부재와 현존을 스스로 통제할 수 있다고 믿는다. 그 결과 아이의 불안은 부재 상황을 극복했다는 환희 속에서 현저히 줄어든다.

《파도야 놀자》에서도 아이가 놀이를 하며 상황을 제어하려 한다. 처음에 아이는 제본 선을 경계로 왼쪽 모래밭에서 오른쪽 바닷물을 바라보기만 했다. 파도가 경계선을 넘어올까 봐 겁이 났던 것이다.

하지만 파도는 줄곧 오른쪽에서만 움직였다. 아이는 용기를 내어 경계선을 넘어갔다가 파도가 치면 부리나케 왼쪽으로 도망친다. 반복적으로 경계를 넘나들며 아이는 매우 즐거워한다. 경계선을 이용해 파도를 제어할 수 있다고 믿었기 때문이다.

물론 경계선의 마법은 어느 순간 깨지고 아이는 흠뻑 젖어 버린다. 하지만 이미 자유로이 경계를 넘나든 아이에게 파도는 더 이상 두려운 존재가 아니다. 프로이트가 관찰한 아이는 실패 놀이를 하면서 어머니의 예고 없는 부재에서 비롯되는 불안을 극복하려 했다. 마찬가지로 작품 속 아이도 경계선 놀이를 통해 예고 없이 엄습하는 파도를 스스로 제어하듯이 어머니의 부재에 대한 불안 역시 제어할 수 있을 것으로 믿는다. 아이는 계속해서 몰아치는 파도를 보며, 자기도 모르게 어머니의 부재가 점점 잦아지는 데서 오는 불안을 떠올렸을지도 모른다.

어머니의 부재로 생기는 불안을 아이가 극복해 나가는 방법은 다양하다. 그중 가장 중요한 것은 어머니의 인정과 신뢰다. 당장 눈앞에 보이지 않아도 어머니가 뒤에서 나를 지켜본다는 믿음이 굳건할 때 아이는 점점 더 과감하게 파도에 다가갈 수 있다.

아이는 엄마랑 놀지 않았다. 갈매기와 하늘과 파도와 소라가 친구가 돼 주었다. 아이에게 어머니는 같이 노는 친구가 아니라, 언제든 무슨 일이 생기면 보호를 요청할 수 있는 든든한 내 편이다. 이런 신뢰를 바탕으로 아이는 삶의 영역을 확장해 간다.

친구는 서로 닮아 가는 관계
《고양이는 나만 따라 해》

우리는 타인과의 관계 속에서 나를 느끼고 확인한다. 또한 타인을 닮으려는 노력을 통해 사회와 소통한다.《고양이는 나만 따라 해》(권윤덕 지음, 창비, 2005)는 '나'와 고양이 사이에 어떻게 친구 관계가 형성되는지, 또 관계가 어떻게 확장될 수 있는지 잘 보여 준다.

'나'는 깍쟁이 같은 고양이에게 매번 다가가려 하지만 고양이는 곁을 잘 내주지 않는다. 내가 모른 척할 때만 슬그머니 다가왔다가 또 그렇게 사라진다. 그러면서도 고양이는 '나'를 따라 한다. 고양이의 따라 하기는 '나'를 향한 관심에서 비롯된 것이다. '나'는 고양이가 따라 하기 좋게 책상 밑에도 숨고 옷장 속에도 숨어 준다. 따라 하기는 일종의 놀이가 된다. 빨래를 널 때도 파리를 쫓을 때도 꽃향기를 맡을 때도 고양이가 따라 하는지를 매번 확인하고 의식한다.

놀이를 통해 고양이는 '나'를 닮아 간다. 거울을 볼 때와 마찬가지로 '나'는 '나'를 닮은 고양이가 좋아진다. 둘은 나란히 앉아 밖을 본다. 동네 아이들이 놀이에 끼워 주지 않아도 괜찮다. 자기를 꼭 닮은 친구가 있으니까. 부모님이 없어도 깜깜한 밤이 되어도 곁을 지키는 친구 옆에서 '나'는 무서울 게 없다.

그 뒤로는 내가 고양이를 따라 한다. 고양이처럼 깜깜한 창밖을 찬찬히 살펴보기도 하고, 고양이처럼 높은 곳에 올라가 먼 곳을 바라보기도 한다. 고양이처럼 몸을 크게 부풀리기도 하고. 낯선 곳을 살피고 낯선 높이에 도전하고 낯선 몸짓을 따라 하면서 '나'는 친구를 따라서 낯선 관점을 얻는다. 거울 속 완벽한 이미지를 내 것으로 삼은 것처럼 '나'는 낯설지만 완벽해 보이는 친구를 닮기 위해 도전한다.

자신감을 얻은 '나'는 용감하게 밖으로 나간다. 나를 닮았고, 내가 닮고 싶은 완벽한 고양이 친구와 함께라면 무서울 게 없으니까. 내게 으름장을 놓던 동네 아이는 '나'의 기세에 눌러 쭈뼛댄다. 어느새

'나'는 가장 앞장서서 달리고, 동네 아이들이 신나게 그 뒤를 따른다.

따라 하기, 닮아 가기는 거울 단계의 연장선이다. 거울 단계에서 아이는 거울에 비친 완벽한 내 모습에 반해 이를 자아로 받아들인다. 하지만 거울상은 진짜가 아니다. 자기 모습이 비친 하나의 이미지일 뿐 본질적으로 '나'와는 다르다. 그런 의미에서 거울상은 '타인'이다. 타인인 거울상을 통해 자아를 확립했다는 건 타인을 통하지 않으면 자아를 알아볼 수 없다는 말이기도 하다. 필연적으로 자아는 타자, 타인의 영향을 받을 수밖에 없다.

타인과 아이는 '이자 관계'다. 아이는 성장하면서 자기 앞의 타인을 탐색하고 닮아 가기도 하고, 경쟁자나 투쟁의 대상으로 여겨 공격성을 드러내기도 한다. 그림책에서 아이와 고양이는 탐색을 거쳐 서로 따라 하기를 시작한다. 서로를 흉내 내고 닮아 가면서 관계는 무르익고, 그 관계를 바탕으로 또 다른 관계를 형성한다. 처음에는 고양이가 아이를, 그 뒤에는 아이가 고양이를 따라 하면서 친구가 된다. 든든한 친구 옆에서 용기백배한 아이는 밖으로 나가서 다른 아이들과도 자연스럽게 관계를 맺는다.

이자 관계(二者關係)

상상계에는 '이자 관계'만 존재한다. 타자(어머니)와 나, 타인과 나. 둘 사이의 관계를 중재할 삼자가 존재하지 않기 때문에 주체는 타자에게 종속될 위험이 있다. 타인을 경쟁 상대로 여겨 공격성을 띨 수도 있다. 그래서 상상계는 때로 불안과 질투, 증오에 휘말려 전쟁과 같은 위험한 상태가 되기도 한다. 오이디푸스 콤플렉스 시기에 아버지가 삼자로 등장하면서 주체는 이자 관계에서 벗어나 상징계에 진입하게 된다.

대상이 아닌 관계를 통해 얻는 만족감
《나도 같이 놀고 싶어!》

타인과의 관계 맺음은 이처럼 세상과 소통하는 데 아주 중요한 역할을 한다. 어릴 때 또래 아이들과 신나게 놀던 경험은 성인이 된 이후의 인간관계에 중대한 영향을 미친다. 물론 싸우는 경험도 중요하다. 《거울속으로》에서 마주 보던 두 아이도 막판에 서로 다툰다. 이러한 다툼과 대립을 극복하면서 자연스러운 사회인으로 성장하는 것이다. 때로는 싸우고 경쟁하기도 하는 친구 관계. 그림책 《나도 같이 놀고 싶어!》(우현옥 글, 지현경 그림, 책찌, 2013)에 그런 양상이 잘 나타나 있다.

태야는 친구들과 같이 가지고 노는 블록을 혼자서 몽땅 차지한다. 버스에 탈 때도 자기 자리라며 못 앉게 하고, 집에 가서도 동생 수야의 간식을 빼앗아 먹는다. 수야가 가지고 놀던 토끼 인형도 빼앗는다. 그 바람에 수야가 울면서 뛰쳐나가는데도, 태야는 인형을 보면서 그래도 자기 것이라며 중얼거린다. 태야는 장난감을 잔뜩 들고 놀이터에 나가 아무도 못 만지게 하며 으스댄다. 아이들은 얼음 땡 놀이를 하면서 태야를 얼음으로 만들고 땡을 해 주지 않는다. 태야는 다리가 후들후들 떨릴 때까지 꼼짝 못 하고 있다가 결국 울음을 터뜨린다. 그때 수야가 다가와 땡을 해 준다. 태야는 수야에게 토끼 인형을 돌려주고, 친구들에게 쭈뼛거리며 다가가 장난감을 양보한다. 그제야 친구들은 태야를 놀이에 끼워 준다.

태야는 블록을 독차지하고 수야의 인형도 빼앗았다. 그러나 자기 로봇 장난감은 누구와도 나누지 않는다. 내 것, 자신이 원하는 대상을 철저히 지키고 싶은 것이다. 어머니가 즉각적으로 완벽하게 나를 만족시켜 주는 상황이 차츰 줄어들면서 욕구 불만이 생겼고, 이런 상태가 지속될까 봐 불안감을 느낀다. 그래서 주변에 보이는 대상물들을 스스로 확보하고자 하는 심리가 발동한다.

그런데 친구나 동생의 장난감을 빼앗는 데는 또 다른 이유가 있다. 우리가 무엇을 욕망할 때는 타인이 욕망하는 대상의 이미지에 상당한 영향을 받는다. 친구가 어떤 장난감을 갖고 놀면서 행복해하면, 나도 그걸 가지면 행복하겠구나 하고 생각하는 것이다. 그러면 아이들은 앞뒤 가리지 않고 그 장난감을 내 것으로 만든다. 하지만 막상 갖고 놀다 보면 생각만큼 재미있지 않다. 자기가 진짜 원하는 대상이 아니기 때문이다.

태야도 블록을 몽땅 차지했지만 아마도 금방 싫증이 났을 것이다. 수야한테서 뺏은 토끼 인형도 마찬가지다. 사실 동생 수야는 태야에게 친구들과는 다른 존재다. 동생은 엄마의 사랑을 빼앗아 간 '적'이기 때문이다. 그러니까 태야는 수야가 토끼 인형을 가진 모습이 부러워서라기보다 수야가 무엇이든 원하는 대상을 가지고 있는 꼴을 못 보는 것일 수 있다. 전에는 태야가 독차지했던 엄마의 애정이 수야에게로 옮겨 가서 화가 난 것이다. 지금 태야는 수야를 향한 분노를 가득 담아 "내 것을 모두 빼앗아 갔으니 넌 아무것도 가져서는 안 돼!"라고 외치는 것이나 마찬가지다.

태야는 빼앗은 장난감들로 만족하지 못한다. 진짜 자기가 원하던 대상이 아니기 때문이다. 사실 장난감을 빼앗긴 친구들도 처음엔 화를 내겠지만 곧 그 사실을 잊고 잘 논다. 그들에게도 그 장난감들이 진짜 바라는 대상은 아니기 때문이다. 사실 인간은 끊임없이 무언가를 갖고 싶어 하지만, 진짜 자신이 원하는 대상이 무엇인지 모른다. 어머니와 분리되면서 내가 정말 바라던 대상에 대한 기억을 모두 잃었기 때문이다. 다만 어딘가에 있으리라는 믿음을 안고 살아갈 뿐이다. (이 부분은 2부에서 자세히 다룰 예정이다.)

요는 친구들이 가지고 노는 장난감의 이미지가 태야에게 그것을 빼앗고 싶다는 감정을 불러일으켰다는 것이다. 물론 장난감의 이미지만이 아니라 그것을 가지고 노는 친구들의 행복한 모습이라는 이미지가 더해진 결과로 보인다. 과한 욕심은 친구들을 불행하게 하고 결국 자기 자신까지 불행하게 만들었다. 태야는 오랫동안 혼자 '얼음' 상태로 있으면서, 친구들이 장난감이라는 대상을 통해서만이 아니라 서로가 맺고 있는 관계를 통해서도 행복해하는 것을 본다. 그런 이미지를 통해 태야는 자기도 그 관계에 들어가고 싶다는 욕망을 품게 된다.

드디어 태야는 혼자만 움켜쥐고 싶었던 대상, 즉 장난감들을 포기하면서 그 관계에 들어가는 데 성공한다. 대상물이 아니라 관계가 만들어 주는 행복을 깨닫는 것, 이것도 매우 중요한 성장 과정이라고 할 수 있다.

타자(대타자), 타인(소타자)

라캉에 따르면, 타자(또는 대타자, Autre)는 말이 구성되는 장소다. 즉 언어 체계로 이루어진 상징계에서 타자는 언어나 법을 가리킨다. 언어는 주체가 탄생하기 이전부터 존재하기 때문에 상징계에 자리매김한 주체는 타자의 영향 아래 놓이게 된다. 그러나 주체는 언어 또는 법을 직접 타자로 느끼기보다 이를 대리하는 신, 종교, 아버지 등을 타자로 인식하며 이에 종속되기 쉽다. 태어나서 처음 맞는 어머니 또한 주체에게 절대적인 타자로 경험된다. 타자와 구분하여 타인(또는 소타자, autre)은 친구, 동료처럼 자신과 동등한 위치에 있는 다른 주체들을 가리킨다. 이 책에서는 대타자, 소타자 대신 타자와 타인으로 용어를 통일했다.

2

나는 왜 배고프지 않아도 끊임없이 먹을까?

모든 생명체에게는 본능이 있다. 삶을 유지하는 데 필수적인 어떤 것을 배우지 않고도 자연스럽게 알고 이행하는 것, 그것이 본능이다. 그런데 프로이트에 따르면 인간에게는 본능 말고 충동(Trieb)이라는 것이 하나 더 있다. 우리가 배부르다고 하면서도 먹기를 멈추지 않는 것도 먹는 행위 자체에서 만족을 추구하는 구강 충동 때문이다. 프로이트는 기본적으로 구강 충동과 항문 충동에 대해 말했고, 여기에 라캉이 시각(시관) 충동과 청각(호원) 충동을 더했다.

충동은 흥분의 일종이다. 우리 몸의 어떤 기관에서 발생하여 원하는(엄밀히 말해, 원한다고 믿고 있는) 대상의 주위를 맴돌다가(원하는 것이 아님을 확인하고) 다시 발생 기관으로 돌아간다. 그 과정을 무한 반복하면서 만족을 추구한다. 아기 때 어머니와의 관계 속에서 앞서 말한 네 가지 충동이 시작되고, 이후 남근기에 성적 충동이 발생한다.

손가락을 열심히 빠는 아이들이 있다. 못 하게 말려도 돌아서면 금세 또 빤다. 배고파서 그러는 게 아니다. 손가락 빨기에는 구강 충동이 반영되어 있다. 아이는 몸의 한 기관인 입으로 대상인 손가락을 빤다. 충동은 입이라는 기관에서 손가락으로 이동했다가 기관으로 되돌아온다. 또다시 손가락을 빨고 좌절한 뒤 기관으로 돌아오는 행위를 되풀이한다.

충동은 손가락이라는 대상으로부터 쾌락을 찾으려고 하는 것 같지만, 사실은 입에서 손가락으로, 다시 입으로, 또다시 손가락으로 무한히 오가는 과정 자체에서 만족을 얻는다. 한번 손가락을 빨기 시작하면 손가락뼈가 드러날 때까지, 더 나아가 주체가 죽음에 이를 때까지 빠는 행위를 멈추지 않는 것이 충동의 속성이다. 그렇다고 해서 손가락을 빨다가 죽는 사람은 없다. 우리 몸이 충동을 제어하는 장치를 당연히 마련해 놓았으니 말이다. 물론 사회적으로도.

그렇다고 해도 내 의지대로 충동을 제어하기란 그리 쉽지 않다. 충동은 한번 시작되면 항구적으로 지속하려는 속성이 워낙 강하기 때문이다. 담배 끊겠다고 큰소리치는 사람은 많지만 성공하는 경우는 드물고, 먹는 것을 조절하지 못해 매번 다이어트에 실패하는 사람은 부지기수다. 보지 말라는 걸 보면 더 재밌고 듣지 말라는 걸 들으면 더 짜릿한 이유! 바로 내 안에서 불현듯 작동되는 충동 때문이다.

구강 충동의 멈추지 않는 질주
《레스토랑 Sal》

그림책에서 인간의 네 가지 충동은 어떻게 구현될 수 있을까? 먼저 《레스토랑 Sal》(소윤경 지음, 문학동네, 2013)에서는 구강 충동의 양상을 발견할 수 있다.

앞표지에 근사한 레스토랑이 보인다. 위에서 아래로 내려다보는 구도로 그려진 레스토랑 내부는 매우 웅장하고 그 자체로 위압감이 넘친다. 사방은 마름모꼴 무늬로 이루어진 푹신한 방음벽인데, 너무 딱 맞아떨어져서 오히려 답답해 보인다. 그 안에서 무슨 일이 일어나도 밖에서는 알 길이 없을 것 같아서 숨 막히는 압박감이 느껴진달까.

주방에서는 수많은 요리사와 스태프가 분주하게 요리를 한다. 노랗고 검은 바둑판무늬 길을 따라 웨이터들이 음식을 나른다. 노랑과 검정의 교차는 위험 표지판처럼 왠지 아슬아슬하고 불안한 느낌을 준다. 그러니까 이곳은 맛있는 음식을 즐겁게 먹을 수 있는 편안한 식당이라기보다 알 수 없는 위험과 불안이 도사린 편치 않은 공간으로 느껴진다.

손님의 기쁨과 만족을 위해 잠시도 멈추지 않겠다는 레스토랑 소개 문구에서 이곳의 항상성이 엿보인다. 앞서 충동은 흥분의 일종으로 어떤 대상을 향한 멈추지 않는 질주라고 했는데, 소개 문구를 통해 우리는 이미 레스토랑 Sal 자체가 인간의 기관처럼 구강 충동을 가동 중이라는 걸 느낄 수 있다.

당신의 기쁨과 만족을 위한다는 소개와 달리 이곳 직원들은 레스토랑 Sal의 만족을 위해 바쁘게 움직이는 것 같다. 레스토랑의 현관이 하나의 거대한 입이 되어 그 입을 통해 끊임없이 사람들을 빨아들임으로써 쾌락을 얻으려는 것처럼 보이니 말이다.

책장을 넘기면 나타나는 펼침 그림은 많은 독자를 충격에 빠뜨린다. 화려한 색상의 수많은 입과 다양한 음식이 양쪽 면을 가득 채우면서 우리를 압도한다. 젓가락을 빠는 입, 아이스크림을 핥는 혀, 무언가를 오물오물 씹는 입, 먹는 데 몰입한 나머지 입가로 침을 흘리는 입, 스파게티를 빨아들이는 입, 음식을 찢고 깨물고 마시는 입……. 다양한 입과 그에 걸맞은 다양한 음식들.

모든 입은 즐거워 보인다. 그런데 왜 우리는 이 장면에서 충격을 받을까? 수많은 입은 탐욕스러움의 극치를 달리고 그 입들을 보는 우리는 불쾌감을 넘어 혐오감까지도 느낀다. 우리도 먹는 것을 즐기면서 왜 화면을 가득 채운 음식과 그 음식을 먹는 입은 불쾌하게 바

라볼까?

'입'만 있기 때문이다. 그림에서는 먹는 것이 추억이나 사람 사이의 관계, 그로 인한 행복감 같은 인간의 다채로운 삶에 유기적으로 연결되지 않는다. 오로지 먹는 행위 그 자체만 강조되어 있다. 입이라는 기관을 만족시키려는 충동의 질주만 보이는 것이다. 구강 충동은 충동의 근원인 입이라는 기관이 부분 대상을 겨냥하는 부분 충동이다. 오로지 입이 추구하는 충동을 충족시키는 것 외에는 아무것도 의미가 없다. 입과 음식만 가득 클로즈업된 펼침 그림은 이처럼 구강 충동의 적나라한 모습을 여과 없이 보여 줌으로써 독자에게 불쾌감을 불러일으킨다.

스스로를 먹어 치워도 멈출 수 없는 충동

원래 '먹기'는 본능적으로 배를 채우려는 행위다. 동물은 배고픔이 해결되면 먹기를 그만둔다. 하지만 인간은 다르다. 배불러 죽겠다고 하면서도 눈앞에 맛있는 음식이 있으면 포기하지 못한다. 후회할 걸 알면서도 먹고 또 먹는 것이다. 인간은 왜 먹기를 그만두지 않는가? 그것은 먹기가 배고픔 해결이라는 본능의 영역과 행위 자체에서 오는 쾌락을 즐기는 충동의 영역 양쪽에 속해 있기 때문이다. 이게 바로 구강 충동이다.

아기는 처음에 어머니가 제공하는 젖으로 배고픔을 해결하지만, 곧 젖을 빠는 행위 자체에서 오는 쾌락을 즐기게 된다. 아기는 배고프지 않아도 즐거움을 위해 '빨 것'이 필요해지고, 이때 그 욕구를 대신 채워 주는 게 이른바 공갈 젖꼭지다. 아기들이 포만 상태에서도 공갈 젖꼭지를 열심히 빠는 것은 어머니의 젖 대신 입에 물린 공갈 젖꼭지에서 위안과 쾌락을 느끼기 때문이다. 다 큰 아이가 손가락을 빠는 것도 마찬가지다. 구강 충동을 만족시키기 위한 대상이 손가락으로 바뀌었을 뿐이다.

주인공 아이는 밥 먹기 전에 화장실에 들렀다가 벽에 난 구멍에 반쯤 몸이 낀 고양이를 만난다. 그 고양이를 구하려다 구멍으로 같이 빨려 들어가서는 거대한 식료품 보관 창고에 도착한다. 예기치 못한 일대 혼란이 일어나고, 아이는 갇혀 있던 수많은 동물과 온 힘을 다해 도망치려 한다. 그런데 다음 순간, 아이가 깨어난 곳은 '접시 위'였다! 아이는 다른 동물들과 함께 레스토랑 손님 앞에 '천상의 세계'로 존재하게 된다. 온몸의 세포가 깨어나고 숨이 멎을 것 같은 순간, 혼돈과 질서를 거듭하며 요리가 완성된다는 해설이 주는 긴장감을 밀어내고 마지막 장을 펼쳤을 때 나타나는 빈 접시! 아이는 어디로 갔을까?

레스토랑 Sal은 천상의 재료로 사람들을 유혹하여 먹기를 종용하는 곳이다. 손님들은 이미 Sal의 유혹에 빠져 끊임없이 먹고 또 먹는다. 배고프지 않아도 먹기를 멈추지 않으면 과연 어떤 일이 벌어질까? 그 해답은 마지막, 빈 접시 위에 있다. '나'의 아이마저 먹히는 것, 그것은 내가 먹히는 것과 같다. 끝없이 구강 충동에 탐닉할 때, 충동의 질주를 멈추지 않을 때 우리는 결국 스스로를 먹어 치우게 된다. 이처럼 멈추지 않는 충동은 파멸을 부른다. 충동이 추구하는 쾌락은 우리가 아는 일반적인 쾌락이 아니라 '주이상스'라고 하는, 주체가 감당하기 힘든 고통스러운 쾌락이기 때문이다.

> **주이상스**
>
> 쾌락 원칙을 벗어난 쾌락으로, 주체가 감당할 수 없을 만큼 너무 커서 고통스러운 쾌락을 뜻한다. '향유'로 번역되기도 하지만 사실상 주이상스의 의미를 정확하게 옮길 수 있는 단어는 없다. 충동이 궁극적으로 추구하는 것이 바로 주이상스다.

받는 쾌감에서 스스로 만들어 내는 쾌감으로
《똥벼락》

다음으로 항문 충동은 그림책에서 어떻게 표현되는지 《똥벼락》(김회경 글, 조혜란 그림, 사계절출판사, 2001)을 보자. 《똥벼락》은 《레스토랑 Sal》처럼 무겁지 않다. 해학적이고 구수한 옛이야기 같은 그림책이다. 이 그림책에서 우리는 '항문 충동'의 모습을 간단하게나마 엿볼 수 있다.

돌쇠 아버지는 김 부자에게 새경으로 받은 돌밭을 일군다. 어느 날 우연히 산도깨비를 만나 김 부자네 똥을 거름으로 받아 쓴 덕에 그해 농사를 아주 잘 짓는다. 그런데 고구마밭에서 금가락지가 발견되자 돌쇠 아버지는 김 부자를 찾아가 자초지종을 알린다. 김 부자는 똥 도둑놈이라며 돌쇠 아버지를 흠씬 패 주고 똥이든 곡식이든 내놓으라고 윽박지른다. 속상한 돌쇠 아버지가 산도깨비를 찾아가자, 산도깨비는 온 세상 똥이 김 부자네 집에 쏟아지게끔 만든다.

돌쇠 아버지가 살던 그 시절, 사람들은 똥을 매우 소중하게 여겼다. 훌륭한 거름이 되기 때문이다. 그렇다고는 해도, 그림책을 보면 똥을 대하는 태도가 좀 과하다. 돌쇠네 가족은 똥만 보면 신명이 나서 모조리 집으로 가져다 나른다. 살림이 가난하니 거름 만들 똥이 더 귀했겠지만, 똥을 모으는 표정은 행복 그 자체다. 김 부자는 어떤가? 없어져도 모를 만큼 집 안에 똥을 가득 쌓아 두고도 더 갖고 싶어서 돌쇠 아버지를 매질할 정도로 탐욕에 끝이 없다. 똥을 모으는 돌쇠 가족과 김 부자의 모습에서 항문 충동이 지향하는 쾌락을 엿볼 수 있다.

요즘에는 아무도 똥을 귀하게 여기지 않는다. 아니, 오히려 기겁하며 피한다. 하지만 아기들은 어른과 달리 똥을 좋아한다. 생각해 보면 똥은 아기가 스스로 만들어 낼 수 있는 유일한 생산물이다. 늘 어머니로부터 받기만 하는 아기로서는 스스로 생산해 낸 똥이 자랑스러울 수밖에 없다.

아기가 바닥에 똥을 쌌을 때 하는 행동을 본 적이 있는가? 힘주어 똥을 싼 아기는 바로 뒤돌아서 자기 똥을 확인한다. 아주 기분 좋은 얼굴이다. 말리는 사람이 없으면 아기는 똥을 마음껏 주무르고 관찰한다. 얼굴에 갖다 대거나 심지어 입에 넣기까지 한다. 어머니가 보면 기겁할 모습이지만, 똥을 대하는 아기의 자세는 여하튼 신나는 마음 반, 호기심 반이다. 똥에 대한 거부감 따위는 아예 없다. 오히려 자기 자신에게서 나온 똥이라는 물건이 마냥 신기하고 흐뭇할 뿐이다.

그러던 아기는 성장하면서 점점 똥과 멀어진다. 똥은 더 이상 선물이 아니다. 몸에서 나오자마자 지체 없이 버려야 할 찌꺼기일 뿐. 아기는 떨어져 나가야 할 찌꺼기가 내 몸 가까이에 있으면 더럽다고 느끼는 사회 분위기 속에서 자란다. 우리가 똥을 꺼리게 된 이유다. 하지만 인간의 마음에는 여전히 똥에 대한 친밀감이 남아 있다. 실제 똥을 보면 기겁하면서도 똥 이야기를 재미있어하고, 똥 모양 캐릭터가 꾸준히 인기를 얻는 것을 생각하면 공감이 갈 것이다.

그림책에서도 그런 친밀감이 엿보인다. 밖에서 똥을 모아 집으로 가져가는 돌쇠 부자가 얼마나 행복해 보이는지. 똥이 거름이 되어 먹을 것으로 환원되기까지 기다려야 하는 시간을 따져 보면, 단순히 풍족한 먹을거리를 기대하기 때문에 행복해하는 것이라고만 보기는 어렵다. 귀한 똥을 밖에서 싸지 않으려고 안간힘을 쓰던 돌쇠 아버지가 더는 참지 못하고 산마루에서 똥을 쌌을 때는 어  떤가? 비록 집에 도착하지 못했지만, 그의 표정에서는 충족감과 쾌감을 엿볼 수 있다. 항문 충동의 만족이 어린 바로 그런 표정이다.

소중한 대상을 끝까지 움켜쥐려는 열망

젖가슴은 아기가 어머니에게 요구하는 대상인 데 반해, 똥은 어머니가 아기에게 요구하는 대상이다. 아기는 자기도 어머니의 요구를 들어줄 수 있는 대상을 가지고 있다는 것에 기뻐한다. 그래서 아기는 똥을 좋아한다. 자기가 만든 최초의 생산물이기도 하고 어머니에게 줄 수 있는 유일한 대상이기도 하니까. 게다가 그걸 주면 어머니가 무척 기뻐한다. "아이고, 우리 아기. 똥도 예쁘게 잘 쌌네." 하면서. 그래서 아기는 똥을 쌀 때마다 좋은 기분을 느끼고, 그 자체를 하나의 즐거움으로 인식하게 된다.

그런데 대소변 가릴 시기가 오면 어머니는 '무서운 얼굴'로 똥을 버리라고 한다. 지금까지 그렇게나 소중히 대했던 내 생산물을 어머니가 더는 기쁜 마음으로 받지 않는다. 심지어 변기에 넣고 물과 함께 내려 버린다. 아기는 마음에 상처를 입고 슬퍼한다. 그래서 자기 것을 내놓지 않으려고 애쓰기도 한다. 대소변 가릴 시기에 아기가 변비에 걸렸다면 이런 이유 때문일 수 있다. 나의 소중한 생산물인 똥을 버리지 않고 움켜쥐고 있어야겠다는 열망은 항문 충동에서 비롯되어 욕망으로 발전하기도 한다. 그것은 무언가를 악착같이 모으려는 모습으로 나타난다. 그래서인지 항문 충동은 돈과 연결될 때가 많다.

《똥벼락》의 김 부자가 그런 경우다. 김 부자는 주변 사람들을 착취해서 악착같이 돈을 모아 부자가 된 사람이다. 30년 동안 돌쇠 아버지를 머슴으로 부려 먹고도 새경이랍시고 풀 한 포기 자라지 않는 돌밭을 줄 정도다. 게다가 김 부자는 똥도 그득그득 모아 놓았다. 산도깨비가 그 똥 일부를 돌쇠네로 날라 주어도 모를 만큼. 이런 김 부자의 모습에서 똥을 움켜쥐고 내놓지 않으려는 유아기적 열망을 엿볼 수 있다.

돌쇠 아버지가 밭에서 캔 금가락지를 가져다주자, 김 부자는 똥도둑놈이라며 돌쇠 아버지를 매질한다. 김 부자네 똥으로 농사지은 고구마밭에서 금가락지가 나왔기 때문이다. 돌쇠 아버지가 말하기 전까지는 자기 집 똥이 없어진 줄도 몰랐으면서, 막상 똥이 없어졌다는 사실을 알게 되자 김 부자는 노여움에 사로잡힌다.

김 부자는 훔쳐 간 똥을 모두 갚든지, 아니면 그 똥을 먹고 자란 곡식을 몽땅 내놓으라며 돌쇠 아버지를 윽박지른다. 김 부자는 돌쇠 아버지가 그만큼의 똥을 다시 가져올 수는 없을 테니 당연히 수확한 곡식을 들고 올 거라 기대한다. 물론 이는 김 부자의 의식에서 일어나는 사고이며, 그의 무의식에서는 똥과 돈의 가치가 같다. 산도깨비는 김 부자에게 넘치도록 많은 똥을 보낸다. 마침내 그는 평생 움켜쥐고 싶었던 재산과 등가물인 똥 속에 파묻혀 최후를 맞는다.

바라보기와 바라보이기
《창 너머》

　시각 충동의 구현은 그림책 《창 너머》(찰스 키핑 지음, 박정선 옮김, 시공주니어, 1998)를 통해 엿볼 수 있다.
　한 아이가 2층 거실 창가에 혼자 앉아 있다. 주인공 제이콥이다. 제이콥은 온종일 같은 자리에 같은 자세로 앉아 창밖을 본다. 창문 양옆을 가리는 커튼이라도 완전히 젖히면 좀 더 많이 보일 테지만 제이콥은 그러지 않는다. 아마도 몸이 불편하기 때문일 것이다. 제이콥이 내려다보고 있는 길, 그곳이 제이콥이 아는 세상의 전부다. 제이콥은 창문을 통해 성당을 보고 사람들이 '쭈그렁탱이'라고 부르는 할머니와 그의 개를 본다. 아울러 그 시선의 끝에서 지붕 너머 양조장, 그 양조장에 묶여 있을 말 몇 마리와 짐마차를 상상한다. 제이콥은 보이는 것 너머에 존재하리라 기대되는 보이지 않는 것으로 시선을 확장한다.
　갑자기 양조장에서 탈출한 말들이 무섭게 거리를 질주한다. 마부와 양조장 사람들이 말을 잡으러 뛰어온다. 거리에 있던 사람들은 우왕좌왕하고 제이콥은 자기가 2층에 있어서 다행이라고 생각한다. 잠시 후 말들이 잡히면서 사건은 수습된다. 그런데 '쭈그렁탱이'가 개를 꼭 끌어안고 있고 사람들이 고개를 숙인 모습이 보인다. 제이콥은 그 개가 무사할 거라며 애써 자신을 다독인다.

　제이콥이 창문을 통해 밖을 내다볼 때 독자는 그 창문 안쪽에서 밖을 응시하는 제이콥을 본다. 창문 양쪽이 커튼으로 너무 많이 가려져서 제이콥의 얼굴 말고는 보이는 게 없다. 그러나 우리의 시선은 커튼과 제이콥 너머 보이지 않는 방 안의 풍경을 상상한다. 제이콥의 몸이 어떻게 불편한 것인지, 지금 어떤 자세로 밖을 보고 있을지도 그려 보게 된다. 제이콥은 스스로 보고 있을 뿐 아니라 독자에게 온전히 자신을 보이고 있다. 제이콥의 눈에서 시작된 시각 충동은 최초의 타자, 즉 어머니의 따뜻한 시선을 기대하며 대상을 보는 한편, 같은 기대로 타자에게 응시되기를 원한다.

　아기에게 젖을 물릴 때 어머니는 따뜻한 시선으로 아기를 바라보고 아기도 그 눈빛을 통해 어머니와 교감한다. 어머니에게서 이런 시선을 받고 즐거움을 느끼면서 시각 충동이 시작된다. 때가 되면 젖을 떼고 대소변을 가려야 하는 것처럼 어머니의 시선 또한 언제까지나 다정하고 달콤하기만 할 수는 없다. 때로는 내가 아닌 다른 곳을 향하기도 하고, 때로는 차가운 시선을 보낼 수도 있다. 시각 충동은 최초의 어느 시점에서 가장 감미로웠다고 생각되는 어머니의 시선을 찾아 그때와 같은 만족을 다시 느끼기 위해 시도된다. 물론 그때와 같은 만족을 주는 응시는 다시 경험할 수 없으므로 이러한 시도는 늘 실패한다.

제이콥이 볼 수 있는 시야의 폭은 양옆에 쳐 놓은 커튼 사이 얼마 안 되는 공간으로 한정된다. 앞표지를 보면, 제이콥이 그 사이로 어떻게든 밖을 내다보기 위해 애쓰는 것이 느껴진다. 최대한 눈을 크게 뜨고 밖을 응시하는 그 모습이 어쩐지 섬뜩하다. 아이들은 대체로 이 그림책을 무서워하는데, 제이콥이 밖을 내다보는 장면들에서 특히 그렇다.

커튼 사이로 밖을 내다보는 제이콥의 시선은 독자에게 마치 자신을 훔쳐보는 듯한 기분을 느끼게 한다. 동공이 확대된 채로 무표정하게 응시하는 제이콥의 커다란 두 눈 때문에 더욱 그렇게 보인다. 감정 없는 시선은 제이콥과 독자 사이에 유대감을 만들 수 없다. 따라서 독자는 다른 감정이 끼어들 여지 없이 자신을 향한 제이콥의 텅 빈 시선 앞에 적나라하게 노출된다. 그 순간 독자는 제이콥의 두 눈에서 제이콥이 아닌 낯선 타자의 시선과 마주친다.

내가 알지 못하는 타자가 제이콥의 시선 뒤에서 나를 훔쳐보는 듯한 느낌! 그 순간 독자는 공포를 느낀다. 그것은 실재를 마주하는 불안과 다르지 않다. 내가 믿는 존재가 나를 따뜻하게 바라볼 때, 사랑하는 사람과 정다운 눈빛을 주고받을 때 우리는 행복해진다. 그러나 내가 낯선 타자의 응시 대상이 되었을 때 시선은 공포가 된다.

> **실재**
>
> 표상 불가능하며 실체화할 수 없는 무의식의 중핵으로, 언어나 이미지로 환원할 수 없는 어떤 것이다. 실재 안에 있는 충동은 언제나 만족을 얻기 위해 의식의 틈을 노리지만, 원천적으로 억압되어 있으므로 의식화하기 어렵다. 다만 의식이 약해질 때마다 주체에게 신호를 보낼 수 있는데, 그 신호가 증상, 꿈, 말실수 등과 같은 '무의식의 형성물'이다.

억눌린 충동을 품고 자라난 귀
《우당탕탕, 할머니 귀가 커졌어요》

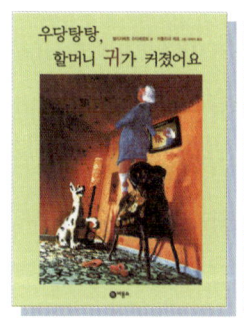

ⓒ 엘리자베트 슈티메르트, 키룰리네카네트

충동의 질주를 멈추지 못하면 주체가 파멸에 이를 수 있다. 반대로 충동을 지나치게 억압해도 주체는 정상적인 삶을 유지하기 어렵다. 그림책《우당탕탕, 할머니 귀가 커졌어요》(엘리자베트 슈티메르트 글,

카롤리네 케르 그림, 유혜자 옮김, 비룡소, 1999)는 청각 충동이 비정상적으로 억압되어 벌어지는 사건을 익살스럽게 그리고 있다.

아래층에 사는 할머니는 위층에 이사 온 가족이 시끄러워 불만이 많다. 그래서 소리가 날 때마다 위층으로 올라가서 화를 낸다. 그러자 위층 가족은 극도로 조심했고, 더 이상 아무 소리도 들리지 않게 되었다. 이제 할머니는 편안해졌을까? 아니, 오히려 정반대였다.

할머니는 위층 소리가 사라지자 마음이 점점 불편해진다. 도대체 왜 이렇게 조용하지? 위층 가족에게 무슨 일이 생겼나? 할머니는 탁자에 의자까지 쌓아 놓고 올라가서 천장에 바짝 귀를 대 보지만, 여전히 아무 소리도 들리지 않는다. 결국 할머니는 병이 나고 만다. 귀가 자꾸자꾸 커지는 병. 의사는 '못들어서생기는병'이라며, 위층 가족에게 좀 떠들어 달라고 주문한다. 할머니의 병을 낫게 할 수 있는 유일한 방법은 위층 가족이 시끄럽게 구는 것이었다. 위층 가족이 마음껏 뛰고 웃고 떠들자 할머니의 병세는 금세 좋아진다. 커다래졌던 할머니 귀는 마침내 정상으로 돌아온다.

인간에게는 보는 것만큼이나 듣는 것도 중요하다. 예컨대 드라마를 볼 때, 소리를 끄고 화면만 봐서는 온전히 재미를 느끼기 어렵다. 말을 알아듣지 못하는 외국 드라마를 볼 때도 막상 내용은 자막으로 파악하면서도 볼륨을 높인다. 목소리를 들으며 느끼는 쾌락이 있기 때문이다. 이는 어머니가 아기 귀에 다정한 목소리를 들려주면서 시작된 청각 충동에서 비롯된다.

할머니는 위층 가족이 내는 소음을 극도로 싫어했다. 변기 물 내리는 소리에도 당장 올라가 항의할 정도로. 이에 위층 아이들은 생쥐처럼 발소리를 죽여 기어 다니고 귓속말로 속삭인다. 심지어 소리를 줄이려고 음식도 생쥐처럼 조금만 먹는다. 하지만 할머니는 위층에서 아무 소리도 들려오지 않자 오히려 소리에 집착하기 시작한다.

할머니의 청각 충동은 위층 가족의 협조 아래 외적으로 완벽하게 차단되었다. 의식적으로는 할머니가 원하던 바였다. 하지만 할머니는 내면의 충동이 완전히 억제됐을 때 자신에게 어떤 현상이 벌어질지 미처 몰랐다. 차단되는 바람에 더 응축된 할머니의 충동 에너지는 해당 기관인 귀가 어마어마하게 커질 때까지 충족시켜 줄 대상을 찾지 못하고 발이 묶인다. 그걸 정상으로 돌려놓은 것은 소리다. 그토록 듣고 싶었던 위층 가족의 소음을 듣자, 할머니의 병은 씻은 듯이 낫는다. 충동을 억눌러 생긴 문제는 결국 소리를 듣고 충동을 발산함으로써 해결할 수 있었다.

청각 충동도 다른 충동과 마찬가지로 제어하지 못하면 주체를 파괴하고 만다. 그렇다고 충동을 아예 차단할 수는 없다. 아래층 할머니는 위층에서 나는 소음이 싫어 강력하게 항의했지만, 소리가 전혀 들리지 않게 되자 오히려 귀가 커지는 병에 걸리고 말았다. 충동을 적절히 해소하지 못하면 도리어 주체의 일상이 뒤틀려 버릴 수도 있음을 상징적으로 보여 주는 것이다.

우리는 배고프지 않아도 끊임없이 먹으려 하고, 무엇인가를 끝없이 움켜쥐려고 한다. 자꾸만 뭔가 더 보려 하고 계속해서 뭔가를 더 듣고 싶어 한다. 우리에게 충동이 있기 때문이다. 충동의 속성은 '끝'이 없다는 것이다. 무한 질주. 그런데 그 질주를 멈추지 못하면 주체는 파멸한다. 그렇다고 충동을 지나치게 차단하면 우리 삶은 재미없고 건조해진다. 그렇다면 충동은 어떤 식으로 제어될까?

프로이트가 말하는 '쾌락 원칙'에 따르면 인간의 심리적 활동은 불쾌감을 피하고 쾌감을 얻는 것을 목표로 한다. 알 수 없는 에너지가 쌓여 흥분이 커지면 신체는 에너지를 방출함으로써 흥분량을 감소시켜 불쾌를 줄이도록 조정한다. 이는 에너지를 언제나 일정 수준으로 유지하려는 항상성의 법칙과도 관계가 있다. 수시로 손가락을 빨던 아이도 일정 시간이 지나면 누가 시키지 않아도 더 이상 손가락을 빨지 않는다. 과도하게 증가한 에너지가 해를 끼치지 않도록 몸에서 쾌락 원칙을 작동시킨 결과다.

개인의 충동을 내적으로 제어하려는 쾌락 원칙 외에 충동을 효율적으로 적절하게 막아 주는 장치가 우리 세계 안에도 있다. '문명'이 바로 그것이다.

원초적 충동을 제어하는 문명의 맛
《제랄다와 거인》

충동과 문명의 관계는 그림책 《제랄다와 거인》(토미 웅거러 지음, 김경연 옮김, 비룡소, 1996)에 잘 드러나 있다.

옛날에 사람을 잡아먹는 거인이 있었다. 거인은 특히 아침밥으로 어린아이 먹는 것을 좋아했다. 그래서 사람들은 아이들을 숨기고 거인은 숨은 아이를 찾아다니는 일이 일상적으로 반복되었다. 한편, 제랄다와 농부인 아빠는 마을에서 멀리 떨어진 숲속에 살고 있어서 사람 잡아먹는 거인에 대해 알지 못했다.

어느 날 농부가 배탈이 나는 바람에 제랄다 혼자 읍내 장에 가게 되었다. 제랄다는 감자와 곡식, 고기와 생선 등을 수레에 가득 싣고 집을 나선다. 모처럼 어린아이 냄새를 맡은 거인은 좋아서 어쩔 줄 모른다. 하지만 그동안 너무 굶주린 탓에 거인은 허둥대다가 그만 바위에서 미끄러져 다친다. 제랄다는 정신을 잃은 거인을 옆에서 챙겨 주고, 장에 팔려던 음식 재료를 모두 꺼내 거인을 위해 요리를 만든다.(제랄다는 여섯 살 때부터 요리를 매우 잘했다.)

정신을 차린 거인은 제랄다가 만든 요리를 먹고 그 맛에 빠져 버린다. 거인은 제랄다에게 자기 성에 살면서 요리를 해 달라고 부탁한다. 제랄다는 아버지까지 모시고 성에 들어가 날마다 진귀하고 맛있는 요리를 차려 낸다. 그 요리에 길든 거인은 이후로 사람을 먹지 않게 되었다. 잘 먹어서 보기 좋아진 거인은 훗날 제랄다와 결혼해서 아이도 낳고 행복하게 잘 살았다.

식인 행위는 문명 이전에 있던 풍습이다. 허용과 금기가 정해지지 않은 세계에 살며 먹어도 되는 것과 먹어서는 안 되는 것을 구분하지 못하는 거인은 야만인을 상징하는 동시에 충동이 통제 없이 범람하는 유아기적 상태에 머물러 있다고도 볼 수 있다. 앞서《레스토랑 Sal》에서 그린 것 같은 원초적인 구강 충동으로부터 자유롭지 못한 주체인 것이다.

여기에 '요리'를 아주 잘하는 제랄다가 등장한다. 요리는 문명의 산물이다. 제랄다를 잡아먹을 생각만 하던 거인은 다쳐서 꼼짝도 못하게 되자 가만히 제랄다를 지켜본다. 더 정확히는 제랄다가 요리하는 과정을 흥미롭게 바라본다. 재료를 씻고, 먹기 좋게 자르고, 계량하고, 적절히 불에 익히고, 간을 맞추는 작업을 거친 요리는 제랄다를 먹겠다던 생각조차 잊어버릴 정도로 맛이 좋다.

여태껏 어린아이를 꿀꺽 삼킬 줄만 알았던 거인은 화란 냉이 크림수프, 소스를 친 훈제 송어, 달팽이 마늘 버터 볶음 등 복잡하고 화려한 과정을 거친 격식 있는 요리들을 맛보고는 그만 반해 버린다. 그래서 거인은 제랄다에게 성으로 들어와 달라고 요청한다. 거인 스스로 자신의 원초적 충동을 제어해 줄 문명을 받아들인 것이다. 제랄다는 기꺼이 수락한다. 제랄다의 맛있는 요리가 거인을 문명의 세계로 인도한 것이다.

그림책은 문명을 입힌 요리를 나열하는 데 지면을 아끼지 않는다. 제랄다가 다른 거인들을 초대해서 차린 식탁이 두 면을 꽉 채운다. 양배추 절임과 소시지 모둠, 파이 반죽에 싸서 구운 거위 간 푸딩, 송로버섯 젤리를 곁들인 송아지 고기 튀김 등 보기에도 군침이 도는 요리가 잔뜩 그려져 있고, 요리명도 나열되어 있다. 단지 배를 채우기 위해 한입에 꿀꺽 삼키거나 게걸스럽게 배 속으로 밀어 넣는 음식이 아니다. 정해진 '요리법'에 따라 복잡한 조리 과정을 거친 격조 높은 요리들은 하나같이 품위 있는 그릇에 담겨 있다. 음식 옆에는 양초 세 자루가 꽂힌 촛대도 보인다.

다음 장에는 초대된 거인 친구들이 식탁에 둘러앉아 음식을 먹는 장면이 나온다. 어떤 거인은 제랄다에게 조리법을 묻고 그것을 기록하기도 한다. (조리)법에 따라 만든 제랄다의 음식은 문명을 상징한다. 거인들은 제랄다의 음식을 먹은 뒤로 더 이상 어린아이를 잡아먹는 야만적인 행동을 하지 않게 되었다. 누가 시켜서가 아니라, 거인들 스스로 그렇게 하기로 한 것이다. 이것은 억압과 다르다. 규칙이 있는 세상(문명)을 스스로 받아들이고 그 규칙 속에서 보조를 맞추며 살겠다는 약속을 받아들인 것이니까. 이것은 아이가 충동이 범람하는 유아기를 벗어나 법과 언어가 있는 세상에서 주체적인 삶을 시작하는 것과 다르지 않다.

앞서 말했듯 개인 차원에서 충동을 제어하는 기제가 쾌락 원칙이라면, 사회적 기제는 문명이다. 습관적으로 손가락을 빠는 아이도 학교에 가서 선생님과 친구들이 보는 앞에서 대놓고 손가락을 빠는 일은 드물 것이다. 하물며 성인이 되어 일터에 나가서도 손가락을 빠는 사람은 거의 없을 터다. 문명의 보이지 않는 규칙과 법이 그것을 막는 것이다.

3

나는 왜 아무리 노력해도
가질 수 없을까?

    라캉에 따르면 욕망은 잃어버린 대상(어머니에게서 받았던 완벽한 만족을 주는 대상)을 세상에서 다시 찾아내려 하는 운동이다. 그러나 이 대상은 완전히 잃어버린 것이기 때문에 똑같은 대상을 다시 찾아내기란 불가능하다. 그래서 욕망은 충족할 수 없다.

    아기가 배고파서 울면 어머니는 젖을 물린다. 젖을 달라고 운 것이 맞지만, 그것 말고도 아기가 바라는 게 또 있다. 어머니한테 받은 적이 있는 것, 바로 충동과 관계된 즐거움이다. 이는 어머니의 젖가슴, 목소리, 시선 등을 통해 누렸던 쾌락으로, 어머니의 사랑과 연결되어 있다. 그렇지만 아기는 그것이 무엇인지 정확하게 알지 못한다. 잘 모르기 때문에 적절한 표현으로 요구할 수도 없다. 어머니는 아기의 요구를 어머니만의 방식으로 또는 세상의 언어로 해석하여 젖을 물리거나 따뜻한 눈빛을 준다. 그러나 대체로 원하는 만큼 '그 무엇'을 다 주지는 못한다. 게다가 어느 시기가 되면 그마저도 모두 금지되어 아이의 기억에서 사라진다.

결국, 아이에게는 결여가 생긴다. 언젠가 받은 적이 있는 것 같은데 지금은 내게 없는 어떤 것. 꼭 다시 갖고 싶지만 이미 무의식으로 밀려났기에 명확히 기억나지 않는 그것은 아이에게 욕망이 된다. 오이디푸스 콤플렉스를 거치면서, 아이는 모든 것을 다 주던 어머니와 분리되고, 아버지의 세계라 일컫는 '상징계'에 진입한다.

법과 언어 속에서 사람들과 소통하며 살기 위해서는 조건이 붙는다. 이전까지 어머니에게 받은 모든 것, 어머니가 주리라 기대하던 모든 것은 앞으로 철저히 금지된다는 것이다. 금지된 것은 아이의 무의식을 형성하고, 아이는 자기가 원하던 대상이 무엇이었는지 기억할 수 없게 된다. 다만 뭔가를 잃어버린 느낌, 그것을 상징계에서 다시 꼭 찾아야겠다는 의지만 남는다. 이게 욕망이다.

그런데 잃어버린 것이 정확히 무엇인지 알 수 없으므로 주체가 상징계에서 원하는 대상은 끊임없이 바뀐다. 어떤 사람이 집만 사면 더 바랄 게 없을 것 같아서 열심히 돈을 모아 내 집 장만에 성공했다면, 그 사람은 남은 삶을 만족하며 살 수 있을까? 그렇지 않다는 사실을 우리는 안다. 집을 마련했다는 만족감도 시간이 지나면 시들해지고, 구실을 찾아 어떻게든 이사하고 싶어 한다. 더 큰 집 또는 더 좋은 위치. 또다시 원하는 집을 사기 위해 열심히 돈을 모은다. 하지만 그 소원을 이루더라도 그는 여전히 만족하지 못할 것이다. 이처럼 원하는 대상이 자꾸 바뀌는 이유는 우리가 진짜 원하는 게 무엇인지 모르는 상태로 대상을 추구하기 때문이다. 욕망의 속성이 그러한 까닭에 우리는 무엇을 추구하든 완벽하게 만족할 수 없다. 아무리 노력해도 진짜 원하는 것을 가질 수 없다는 뜻이다. 아이러니하게도 우리는 그런 욕망의 속성 때문에 평생 열정적으로 뭔가를 추구하며 살아갈 수 있다.

욕망은 충동과 밀접한 관계가 있다. 하지만 충동과는 분명히 다르다. 충동은 입, 항문, 눈, 귀와 같은 기관의 만족을 추구한다. 손가락을 빨든, 사탕을 빨든, 담배를 빨든 그 대상과는 상관없이 기관(입술, 구강)을 만족시키는 주이상스를 목표로 한다. 그에 견주어 욕망은 내가 사는 세상(상징계) 내에서 어떠한 대상을 통해 불만족과 결여를 채우려는 노력의 일환이다. 내가 진정으로 원하는, 그러나 결코 도달할 수 없는 '그것'을 갖기 위한 끊임없는 노력인 것이다.

> **상상계, 상징계, 실재**
>
> 라캉은 '언어'를 기반으로 프로이트의 텍스트를 읽었고, 이를 바탕으로 인간의 심리 구조를 상상계, 상징계, 실재로 구분했다. 상상계는 이미지의 영역, 상징계는 언어, 특히 시니피앙(기표)의 영역, 실재는 이미지로도 언어로도 잡히지 않는 것으로 규정된다.

밑 빠진 욕망의 끝
《어부와 아내》

원하는 대상이 계속해서 바뀌는 것을 '욕망의 환유'라고 한다. 이 욕망의 환유를 잘 보여 주는 그림책이 바로 《어부와 아내》(김서정 글, 오진욱 그림, 시공주니어, 2007)이다.

어느 바닷가, 몹시 허름한 오두막에서 어부와 아내가 가난하게 살고 있었다. 어느 날 어부가 바다에 나갔다가 커다란 넙치 한 마리를 낚아 올렸다. 넙치는 자신이 마법에 걸린 왕자라며 풀어 달라고 애원한다. 어부는 넙치가 불쌍해서 그냥 놓아주고 만다.

어부가 집에 돌아와 그 얘기를 하자, 아내는 깜짝 놀라며 지금이라도 넙치에게 집 한 채를 달라고 하라고 채근한다. 썩 내키지 않았지만, 어부는 넙치를 찾아가 아내의 소원을 말하고 집 한 채를 얻는다. 아담하고 예쁜 뜰에서는 온갖 꽃과 채소와 과일나무가 자라고, 닭과 오리도 있다. 그런데 시간이 지나자, 아내는 큰 성에서 살고 싶어졌고, 남편을 닦달해 성을 얻어 내고야 만다.

그러나 아내는 그것으로 만족하지 못한다. 그 뒤에는 왕, 이어서 황제, 교황이 되게 해 달라며 남편을 조른다. 모든 소원을 이루고도 아내는 여전히 만족할 수 없다. 마침내 아내는 신이 되게 해 달라고 요구한다. 어부가 넙치에게 아내의 바람을 전하고 집으로 돌아오자, 다 쓰러져 가는 낡은 오두막이 그를 기다린다.

욕망은 주체의 결여 때문에 생긴다. 주체는 자신의 결여를 메워 줄 대상을 끊임없이 찾는다. 뭔가 찾았다고 생각하면 잠시 만족을 얻는 듯 보이지만, 이내 그것으로는 결여를 메울 수 없다는 사실을 깨닫고 또 다른 대상을 찾아 헤맨다. 이것이 욕망의 환유다.

애초에 어부 부부는, 특히 어부의 아내는 다 쓰러져 가는 오두막 대신 좀 더 좋은 집에서 살고 싶다는 욕망이 컸을 것이다. 그래서 넙치 이야기를 듣자마자 집부터 달라고 한 것이다. 이처럼 멋진 집을 갖고 싶다는 아내의 욕망은 결여에서 생겨났다. 아내는 집을 받고 처음에는 기뻐한다. 좋은 집이 자신의 결여를 메워 주었다고 생각했을 테니까. 그러나 시간이 지나자, 아내는 집만으로는 결여가 메워지지 않는다는 것을 깨닫는다. 만족은 거기서 끝나고, 아내는 또 다른 대상을 찾게 된다.

아내의 욕망은 끝이 없다. 처음에는 집, 그다음엔 성. 왕이 되어도, 교황이 되어도, 대상이 계속 바뀌어도, 그 대상이 점점 커져도 아내는 만족하지 못한다. 물론 마지막에 신이 되는 일은 실패했지만, 설령 신이 되었다고 해도 아내는 만족하지 못했을 것이다. 아내가 정말 원하는 것은 그런 게 아니었을 테니까. 아내가 진정으로 욕망하는 대상이 무엇인지는 스스로도 알 수 없다. 그러니 그 결여는 절대로 채울 수 없다. 우리 주변에서도 그림책 속 아내처럼 욕망을 멈추지 못해 파국을 맞는 일을 흔히 볼 수 있다.

타인의 욕망을 욕망한 남자

그런데 재미있는 것은 아내의 욕망 때문에 어부도 덩달아 망했다는 점이다. 사실 어부는 아내가 욕망을 실현할 때마다 뿌듯하게 바라보기만 할 뿐 직접 무엇을 바란 적이 없다. 파도가 점점 심해지는 바닷가로 나가 넙치를 불러내고 아내의 욕망을 전달하는 수고로움을 감수했을 뿐이다. 어찌 보면 그는 아내의 바람을 이루어 주기 위해 위험을 무릅쓰는 '착한' 사람이다. 그러나 착하다는 것만으로는 민망함을 누른 채 폭풍우를 뚫고 넙치에게 가는 행동을 온전히 이해하기 어렵다.

사실 어부는 욕망이 없었던 것이 아니라 아내의 욕망을 욕망한 것이다. 어부는 자신이 진정 무엇을 바라는지 모르는 것처럼 보인다. 그가 명확히 아는 것은 아내의 '바람'이었다. 아내가 당장 넙치에게 가서 집을 한 채 달라고 하라며 채근했을 때 어부는 '할 수 없이' 바다로 갔지만, 소원이 이루어졌을 때는 두 사람이 함께 기뻐했다. 아내의 소원이 곧 자신의 소원이었기 때문이다.

어부가 점점 커지는 아내의 소원을 말하러 갈 때마다 바다는 조

금씩 푸르고 노란빛을 띠기도 하고 불그스름한 빛과 잿빛을 뒤섞은 듯 흐려지고 파도가 일렁이면서 고약한 냄새가 나기도 한다. 이는 어부의 불편하고 불안한 심정을 대변한다. 아내를 황제로 만들어 달라고 했을 때는 물결이 온통 새까맸고 바람이 사나웠으며, 교황이 되고 싶어 했을 때는 무시무시한 폭풍이 불면서 바다가 들끓었다. 그럼에도 어부는 포기하지 않고 계속해서 넙치에게 아내의 소원을 전한다.

마침내 아내가 신이 되고 싶다고 했을 때, 바다에는 폭풍이 몰아치고 산더미 같은 파도가 세상을 집어삼킬 듯 으르렁거리고 집과 나무들이 마구 쓰러졌다. 어부는 그 소원이 이루어지지 않으리라는 것을 알았을지도 모른다. 마음이 그토록 어지러울 정도였다면 말이다. 그러나 어부는 이번에도 소원을 전하러 간다. 산더미 같은 파도보다 집에서 으르렁대고 있을 아내가 더 무서웠을까? 교황까지 되었던 아내는 결국 다 쓰러져 가는 낡은 오두막에서 남편을 기다린다.

어부의 아내가 대상 잃은 욕망을 멈추지 못해 파국을 맞는다면, 어부는 아내의 욕망을 욕망하며 함께 비참한 말로를 향해 간다. 그가 아내와 함께 망한 이유는 자기 욕망에 대한 주체적인 고민 없이 그저 타인의 욕망만을 좇아 욕망했기 때문이다.

누구를 위하여 줄을 당기나
《앗! 줄이다!》

그림책 《앗! 줄이다!》(조원희 지음, 웅진주니어, 2018)에는 여러 인간 군상의 욕망이 담겨 있다.

첫 번째로 줄을 당긴 아저씨는 지나가다가 무심코 줄을 잡았는데 상대편에서 갑자기 홱 하고 당기는 바람에 화가 난다. 아저씨는 해보자는 건가 하면서 줄을 더욱더 힘껏 당긴다. '그게 뭔지는 몰라도' 지고 싶지 않았기 때문이다. 아저씨는 아마 회사 생활도 그렇게 하고 있지 않을까? 자기 자리를 지키기 위해 하루하루 투쟁하는 삶의 연속! 상대방에게 줄을 뺏기지 않으려고 온 힘을 다하는 모습은 자기 자리, 즉 자기 존재를 지키기 위한 몸부림으로 보인다. 자신의 욕망에 자기 존재를 걸고 있는 것이다. 아저씨는 줄을 놓치면 자기 존재도 사라질 것이라고 생각하는 듯하다. 그러니 '죽어도' 놓을 수 없으리라. 이처럼 아저씨는 외줄을 타듯 위험하게 자기 존재를 걸고 욕망에 몸을 던지는 현대인의 모습을 보여 준다.

부동산에 가던 아줌마가 그 모습을 보고 아저씨를 따라서 줄을 당긴다. 이 아줌마는 아저씨와 같은 건물에 산다는 이유만으로 집값과 관련된 일일 것이라고 지레짐작하고는 같이 줄을 당긴다. 아줌마의 욕망은 분명하다. 부동산! 그런데 아저씨에게 묻지도 않고 그의 욕망이 자기 욕망과 같다고 착각하여 같은 줄을 잡은 것이다. 겉으로 보기에는 부동산과 관련한 욕망 같지만, 이는 타인의 욕망을 욕망하는 전형적인 예로 보인다.

헬스장에 가던 청년이 그 모습을 본다. 청년도 줄을 왜 당겨야 하는지에는 관심이 없다. 그는 그저 힘을 잘 쓰는 자기 모습을 사람들에게 보여 주고 싶어서 줄을 잡는다. 청년은 어떻게 하면 근육이 더 멋있어 보일지에만 신경을 쓴다. 인간은 거울 단계를 거쳐 자아를 형성하기에 누구나 타자에게 인정받으려는 욕구를 가지고 있다. 멋진 외모로 타자에게 인정받는 것, 청년이 줄을 당겨 실현하려는 욕망이 그것이다.

한껏 차려입은 아가씨가 소개팅하러 가는 길에 그 모습을 본다. 그런데 소개팅할 상대보다 줄을 당기고 있는 청년이 더 멋있어 보이는 바람에 아가씨도 덜컥 줄을 잡는다. 소개팅을 통해 멋진 남자를 만나는 것이 아가씨의 욕망일 테니, 지금 자신의 욕망에 가장 충실한 사람은 아가씨일지도 모르겠다. 하지만 그의 욕망 역시 줄을 당기는 것과는 관련이 없다. 자신의 욕망을 위해 줄을 이용할 뿐이다.

여기에 한 할아버지가 바둑을 두러 가다가 그 광경을 본다. 할아버지는 젊은이들이 하는 일에서 자기만 빠지고 싶지 않아 줄을 당긴다. 할아버지 역시 줄을 왜 당겨야 하는지 모를 뿐 아니라, 이유를 궁금해하지도 않는다. 할아버지에게 중요한 것은 타자와 함께하는 세상에서 자기가 소외되지 않는 것, 사회 구성원으로서 다른 사람들과 같은 방향을 바라보며 함께 가는 것뿐이다.

사람들이 열심히 줄을 당기는 와중에 한 아이가 나타난다. 아이는 종이접기를 하러 친구 집에 가는 길이었다. 사람들이 줄을 보자마자 무조건 당긴 것과 달리 아이는 왜 줄을 당기고 있는지 사람들에게 묻는다. 할아버지가 그냥 힘을 보태라고 하자, 아이는 호기심에 일단 줄을 잡는다.

하지만 목적 없는 줄다리기에 아이는 곧 지루해졌다. 아이는 줄을 놀잇감으로 활용한다. 줄을 지르밟고 매달리며 앞으로 나아가다가 반대편에서 줄을 당기고 있는 사람들을 만난다. 아이는 이들에게도 똑같이 줄을 당기는 이유를 물었다가 '저쪽 편'으로 의심받는다.

아이는 어른들에게 야단을 맞고 시무룩해진다. 다수가 선택한 욕망을 따르지 않았다는 이유로 질책받는 아이를 보면서 독자는 문득 불안해진다. 남들과 같은 방향으로 가지 않고 혼자서 딴짓한다는 것은 매우 두렵고 용기가 필요한 일이기에.

한쪽에서 힘주어 줄을 당기는 것은 반대쪽에서 줄을 당기는 상대가 있기 때문이다. 상대방은 어떤 이유로 줄을 당긴 걸까? 그들은 그저 반대쪽에서 당기니까 우리도 당긴다는 식으로 아이에게 대답한다. 각자가 생각하는 뚜렷한 이유나 목적이 없는 것이다. 이들은 자신의 고유한 욕망이 무엇인지 살피기보다는 눈앞에 주어진 타인의 욕망을 여럿이 함께 좇는 안정감을 더 선호하는 듯하다. 하지만 그렇게 되면 '나'라는 존재는 길을 잃는다. 공동으로 추구하던 욕망이 사라지면 이들의 존재감도 함께 사라진다. 이런 식으로 공허의 늪에 빠지는 사람들을 우리는 현실에서도 종종 목격한다.

아이는 잠시 의기소침하다가 이내 친구네 집에 가던 길이었음을 깨닫고 다시 기분이 좋아진다. 자신의 욕망을 깨달은 것이다. 다음 장면에서 아이는 줄을 잘라 버린다. 두 개로 나뉜 줄로 더 재미있는 놀이를 하고 싶었기 때문이다. 아이는 놀고 싶다는 욕망을 충실히 따르며 줄을 이용해 결여를 해결하려 한다.

아이들에게 항상 결여를 느끼게 하는 것은 장난감이다. 아이들은 언제나 새로운 놀잇거리를 찾아 새로운 놀이를 하고 싶어 하기 때문이다. 물론 줄을 갖고 놀다 보면 아이는 금세 싫증을 내고 또 다른 놀잇거리를 찾아 나서겠지만, 지금 이 아이는 줄을 자름으로써 장난감을 확보했다. 아이러니하게도 줄은 유일하게 아이에게만 욕망의 대상이었다.

《앗! 줄이다!》에서는 많은 사람이 줄 앞에서 각자 자신의 욕망을 드러낸다. 그들은 '줄'이라는 대상을 통해 하나로 뭉쳤지만, 줄을 진정 욕망을 채울 대상으로 삼은 사람은 아이밖에 없었다. 어른들은 줄 끝에 뭐가 있는지도 모르고 왜 당겨야 하는지도 모르면서 마냥 붙들고만 있었던 반면, 아이는 그 줄을 스스로 탐색하고 파악한 뒤 놀이라는 욕망을 위해 과감히 잘라 낸 것이다.

지금 내가 잡은 '줄'은 무엇인가? 그 줄이 '나'의 결여를 해소하기 위해 추구할 대상이 맞는가? 한 번쯤 생각해 볼 일이다.

'어마어마하게 멋진' 탐색의 과정
《샘과 데이브가 땅을 팠어요》

욕망은 우리가 세상(상징계)의 일원으로 인정받기 위해 잃어버려야 했던 것을 주체로서 세상에서 다시 찾으려 하는 활동이다. 그러나 욕망의 원인이 된 그 대상은 영원히 잃어버려 세상에 없기 때문에 우리는 아무리 애를 써도 원하는 것을 가질 수 없다. 그렇다면 우리는 어떻게 욕망해야 할까? 그림책 《샘과 데이브가 땅을 팠어요》 (맥 바넷 글, 존 클라센 그림, 서남희 옮김, 시공주니어, 2014)를 통해 욕망하는 태도에 대해 생각해 보려 한다.

　　친구 사이인 샘과 데이브는 '어마어마하게 멋진 것'을 찾아낼 때까지 땅을 파기로 한다. 그들은 땅속 깊숙한 곳까지 내려왔지만, 그 '멋진 것'은 찾지 못한다. 처음에 '멋진 것'은 그들이 파 내려간 땅 오른쪽에 있었다. 그래서 그것을 발견할 수 없었다. 그들은 자꾸자꾸 땅을 파 내려간다. 그리고 엄청나게 큰 '어마어마하게 멋진 것' 바로 위에서 땅 파기를 멈추고, 초콜릿 우유를 마시며 쉰다.

　　샘과 데이브는 이렇게나 깊이 땅을 팠는데도 '어마어마하게 멋진 것'을 찾을 수 없는 이유를 생각한다. 고민 끝에 그들은 밑으로 파 내려가기를 멈추고 오른쪽으로 파기 시작한다. 바로 아래쪽에 있던 '어마어마하게 멋진 것'을 이번에도 비껴간 것이다. 그러다가 데이브는 서로 다른 방향으로 파 보자고 제안하고, 샘은 흔쾌히 그러기로 한다. 그러면서 또 어마어마하게 큰 '어마어마하게 멋진 것'을 발견할 기회를 놓치고 만다.

　　한 바퀴 돌아 다시 만난 그들은 역시 아무것도 발견하지 못하자

다시 아래로만 파 내려가기로 한다. 말도 안 되게 큰 '어마어마하게 멋진 것'을 발견하기 바로 직전에 말이다. 그들은 마지막 남은 과자를 다 먹고도 한참 동안 땅을 판다. 지쳐 버린 둘은 잠이 들고 어딘가로 떨어지기 시작한다. 떨어지고 떨어지다가 부드러운 흙 위에 털썩 내려앉는데, 그곳은 바로 그들이 처음 땅을 파기 시작한 장소다. 샘과 데이브는 어마어마하게 멋졌다고 말한다. 그러고는 초콜릿 우유와 과자를 먹으러 집으로 들어간다.

그들이 땅을 파기 시작한 이유는 명확하다. 어마어마하게 멋진 무언가를 발견하기 위해서다. 그것은 그들이 욕망하는 대상이다. 내가 무언가를 갖고 싶어 한다면, 그 이유는 나에게 그 무언가가 결여되었기 때문이다. 그들은 '어마어마하게 멋진 것'에 결여를 느끼고 그것을 채우려고 했다. 그런데 그 대상이 명확하지 않다. 그냥 어마어마하게 멋진 것이다. 분명히 결여되기는 했는데 그게 무엇인지는 모른다. 다만 결여된 그것이 아마도 어마어마하게 멋질 것이라고 생각할 따름이다.

그들이 땅 파는 모습을 지켜보는 독자는 몹시 안타깝다. 샘과 데이브가 독자 눈에는 보이는 '어마어마하게 멋진 것'을 자꾸 놓치기 때문이다. 아, 조금만 더 파 내려가지. 아이고, 거기서 왜 또 엉뚱한 데를 파자고 하는 거야? 샘과 데이브는 온종일 땅을 팠지만, 자신들의 선택을 점검하고 그에 따라 방향을 바꿔 가며 엉뚱한 곳만 파는 바람에 끝내 '어마어마하게 멋진 것'은 발견하지 못한다.

하지만 잠결에 아래로 아래로 떨어지다가 출발점으로 되돌아왔을 때, 그들은 동시에 어마어마하게 멋졌다고 외친다. 그 순간, 모호한 대상이었던 '멋진 것'은 그것을 찾기 위해 서로 힘을 합쳐 열심히 땅을 판 행위 그 자체로 치환된다. 샘과 데이브는 그들만의 '어마어마하게 멋진 것'을 발견했다는 행복감을 안고 집으로 들어간다. 아마도 그들은 어느 날 또 다른 어마어마하게 멋진 것을 찾기 위해 길을 나설 것이다. 땅파기와는 또 다른 방법으로 말이다.

그래도 계속 욕망하라

우리는 자신이 결여된 존재라는 것을 안다. 스스로 결여되었다는 사실을 아는 것은 매우 중요하다. '나'의 결여를 알기 때문에 우리는 세상의 법과 질서 속에서 '그것'을 채우고자 노력하며 살아간다. 이것이 욕망하는 인간이다. 욕망이 없다면 우리는 살아갈 의미를 잃는다. 우리 삶에 역동성을 부여하는 것이 바로 욕망이다. 그러나 욕망은 충족할 수 없다. 최초에 잃어버려 나에게 결여를 만든 '그것'이 무엇인지 모르기 때문이다. 영원히 잃어버린 그것을 라캉은 '대상 a'라고 일컫는다. 찾을 수 없지만 찾고 싶고, 찾기 위해 평생 애쓰게 만드는 그런 대상.

어차피 채울 수 없다면 욕망을 포기하는 게 맞을까? 애를 쓸수록 허망해지지 않을까? 샘과 데이브가 그에 대한 답을 우리에게 보여준다. 사랑하는 사람, 친한 친구와 의기투합해서 '그것'을 찾기 위해 함께 노력하는 것, 그 과정에서 얻는 기쁨과 행복은 진짜 욕망의 대상을 찾았을 때(결단코 그런 일은 없겠지만) 느낄 만족감보다 모자라지 않을 것이다.

샘과 데이브가 맨 처음 땅을 파러 나설 때와 다시 돌아왔을 때 주변이 조금 달라진 것을 혹시 눈치챘는가? 집 안에 있던 꽃과 풍향계 모양, 집 앞 정원수의 열매 등이 바뀌어 있다. 그들 곁에 있던 개와 고양이는 어떤가? 땅을 파러 갈 때 개는 삽을 멘 두 사람보다 앞장섰고, 고양이는 집 앞에서 움직이지 않았다. 마치 그들이 빈손으로 지쳐 돌아올 것을 알았던 것처럼. 개는 처음부터 보석 위치를 정확하게 감지하고 줄곧 신호를 보내지만, 샘과 데이브는 끝내 눈치채지 못한다. 그러다가 개는 뼈다귀가 묻혀 있는 장소를 발견한다. 두 사람이 지쳐서 잠든 사이, 개는 열심히 땅을 파서 마침내 좋아하는 뼈다귀를 차지한다.

샘과 데이브가 길을 나서기 전과 후에 풍경이 미묘하게 달라졌다는 점과 두 사람을 따라나선 개가 뼈다귀를 찾았다는 점은 시사하는 바가 크다. '어마어마하게 멋진 것'을 찾지 못했으니 아무 의미 없는 모험이라고 생각하기 쉽지만, 그 일은 분명한 변화를 가져왔다. 이제 두 사람이 보는 풍경은 더 이상 전과 같지 않다. 모험을 통해 세상을 보는 눈이 달라졌기 때문이다. 개와 고양이의 경우도 마찬가지다. 안전한 집에 남아 있던 고양이에게는 아무것도 생기지 않았다. 집을 떠나 모험을 시작한 개만이 뼈다귀를 얻을 수 있었다. 무엇보다 샘과 데이브가 땅을 파러 나서지 않았다면 '어마어마하게 멋진' 추억은 생기지 않았을 것이다. 가질 수 없으니까, 하고 지레 포기해 버리기보다는, 그래도 계속 욕망하며 한 발을 내디뎌 볼 일이다.

2부

욕망과
관계의 마법

법과 언어의 세계로 나아가기 위해서는
어머니와 분리되어야 한다.
'나'는 결여된 채로 상징계에 진입한다.
그렇게 욕망하는 인간이 된다.

정신분석에서는 인간이 욕망하기 시작하면 비로소 하나의 주체로 설 수 있다고 말한다. 그만큼 욕망은 인간의 삶에 중요한 요소다. 욕망은 어떻게 생겨날까? 욕망은 최초 양육자인 어머니 그리고 법(규칙)과 언어의 세계인 상징계로 안내하는 아버지와의 관계에서 형성된다고 말할 수 있다.

어머니에게 무한한 사랑을 받으며 성장하던 '나'는 어느 순간 어머니를 빼앗으려는 경쟁자로서 아버지의 존재를 실감한다. 어머니와 분리되어야 할 시기가 되었기 때문이다. 하지만 나는 삶의 모든 것을 제공하던 어머니를 놓을 마음이 없다. 갑자기 끼어든 아버지는 어머니의 욕망이 '나'가 아닌 당신을 향해 있음을 주지시킨다. 어머니 또한 나를 놓아주어야 하지만 자기와 한 몸이었던 자식에게 집착하는 모순된 상황에 놓인다.

법과 언어의 세계로 나아가기 위해서는 어머니와 분리되어야 한다. 그러려면 지금까지 어머니에게서 받았던, 어머니로부터 받을 수 있으리라고 예상되던 모든 것을 포기해야 한다. 그러면 내게는 결여가 생긴다. 그때 아버지가 속삭인다. 네가 잃어버린, 그래서 다시 가지고 싶은 대상은 언어와 법이 있는 아버지의 세상에서 다시 구할 수 있다고. '나'는 결여된 채로 상징계에 진입한다. 어머니를 잃은 대신 상징계의 주체로서게 된 나는 법이 작동하는 세상에서 결여를 해결하기 위해 대상을 탐색한다. 그렇게 욕망하는 인간이 된다.

물론 나는 욕망하는 과정에서 나 자신과 타인을 엮어 새로운 관계들을 만들어 간다. 행복도 불행도 근원을 따져 보면 관계에서 비롯되는 경우가 많다. 관계의 시작점인 부모는 내가 성인이 된 뒤에도 또 다른 관계에 많은 영향을 미친다.

2부 '욕망과 관계의 마법'에서는 그림책을 통해 주체 형성 과정에 중요한 역할로 등장하는 어머니, 아버지와의 관계를 살피고, 욕망하는 주체로서 승화된 삶은 어떤 것인지 논의하고자 한다.

1

사랑받고 싶은데 왜 버려져야 해?

갓 태어난 아기에게 어머니는 절대적인 존재다. 어머니가 잠시라도 아기를 돌봐 주지 않으면 아기는 목숨이 위태로워진다. 아기는 울어서 의사를 표시하고 어머니는 울음을 언어로 해석해서 아기에게 필요한 것을 채워 준다. 어머니는 아기의 요구를 들어주기 위해 최선을 다한다.

시간이 흐르면서 어머니도 아기에게 요구하게 된다. 아기가 아플 때는 약을 먹으라고 요구하고, 편식하는 아기에게는 이것저것 다양하게 먹을 것을 요구한다. 이런 요구는 대부분 아기를 위해, 아기를 사랑하기 때문에 생겨난다. 그런데 이 요구가 아기에게는 법이 된다. 어머니의 법. 어머니의 법은 기준이 명확하지 않다. 아기와의 관계에서만 발생하며, 상황과 감정에 따라 변할 수 있는 법이라서 일관성이 없다. 그런데 아기는 자기가 전적으로 의존하고 있는 어머니에게 잘 보여야만, 즉 어머니가 자기를 계속 사랑하게끔 해야만 보살핌을 받을 수 있다. 그러므로 결국 어머니의 다양한 요구를 수용할 수밖에 없다.

가끔 어머니가 아기 곁을 떠나는 일도 생긴다. 밥을 먹거나 전화를 받거나 하는 사소한 일 때문에라도 말이다. 아기는 왜 갑자기 어머니가 사라지는지, 또 사라졌던 어머니가 어떻게 다시 나타났는지 이해하지 못한다. 아기 입장에서는 어머니가 시도 때도 없이 나타났다 사라지기를 반복하는 것으로 보인다. 이럴 때 아기는 불안을 느끼고 욕구 불만에 빠진다. 아기는, 어머니가 자꾸만 다른 곳에 가는 이유가 그곳에 어머니가 원하는 것이 있기 때문이라고 생각한다. 결국 어머니가 자기 곁에만 머무르게 하려면 어머니가 자신을 원하게 만들어야 한다고 결론을 내린다. 스스로 어머니가 욕망하는 대상이 되려는 것이다.

이는 아기에게 생명과 직결되는 문제다. 어머니에게 필요한 존재가 되지 못하면 살아남지 못한다. 봐, 지금도 원하는 것을 찾으러 딴 데로 가 버리잖아! 아기는 어머니의 관심을 끌려고 필사적으로 노력한다. 어머니가 뭘 원하는지 잘 모르기 때문에 아기는 어머니가 하라는 대로, 어머니의 의도대로 움직이려 한다. 그렇게 아기는 말 잘 듣는 아이로 자란다.

정신분석에서는 이런 상황이 심해져서 아이가 어머니에게 병리적으로 종속되는 상태를 위험하다고 본다. 이렇게 되면 어머니는 아이를 언제라도 먹어 치울 수 있고(아이가 어머니에게 완전히 지배당하는 상황을 말한다.) 결국 아이의 주체성을 빼앗아 버릴 수도 있다. 아이를 지배하는 어머니의 법이 다소 즉흥적이고, 아이가 어머니에게 의지하는 마음이 너무 크기 때문이다. 이때 중요한 것은 아이가 어머니에게서 벗어나는 것, 즉 어머니로부터 '버려지는' 것이다.

말 잘 듣는 착한 어린이는 잡아먹힌다?
《제제벨 - 착한 어린이 대상!》

아이가 어머니의 욕망의 대상이 되면, 즉 아이가 어머니에게서 버려지지 않으면 어째서 위험하다는 것일까? 그림책 《제제벨 - 착한 어린이 대상!》(토니 로스 지음, 민유리 옮김, 키위북스, 2020)은 엄마에게 종속된 아이의 모습을 잘 보여 준다.

제제벨은 흠잡을 데라고는 없는 완벽한 모범생이다. 그래서 사람들은 신통방통 제제벨이라고 부른다. 흔한 장난 한번 치지 않고, 옷을 더럽히는 일도 없고, 학교에서는 늘 1등만 한다. 아플 때 약도 잘 챙겨 먹고 혼자서 옷도 잘 챙겨 입고 말이다. 어른들이 싫어할 만한 일은 전혀 하지 않는다. 심지어 다른 아이들을 타이르기까지 한다. 그래서 대통령이 주는 '착한 어린이 대상'을 받았고, 공원에는 제제벨 동상도 생겼다. 그러던 어느 날, 학교에 악어가 나타난다. 다들 도망치기 바빴지만, 제제벨은 복도에서 뛰면 안 된다는 규칙을 지키다가 그만 악어 입속으로 흔적도 없이 사라지고 만다.

제제벨처럼 착한 아이가 왜? 권선징악 이야기에 익숙한 독자는 이 그림책의 결말을 불편해한다. 특히 아이를 키우는 어머니들은 더욱 그럴 것이다. 하지만 아이들은 대체로 그림책의 결말을 보고 손뼉을 치며 좋아한다. 제제벨과 비교되는 덜 착한 친구들과 자신을 동일시하기 때문이다. 학교에서 내내 장난치다 보면 주변이 온통 쓰레기장이 되는 건 당연하다. 집안일을 돕는다는 것은 생각조차 할 수 없다. 온몸이 흙투성이가 되도록 노는 아이들, 그런 보통 아이들은 악어가 제제벨을 꿀꺽 삼켰을 때 카타르시스를 느낀다.

제제벨은 매사에 솔선수범하는 착하고 예의 바르고 똑똑한 아이다. 모두 칭찬이 자자할 만큼. 그런데 제제벨의 표정을 한번 살펴보자. 처음에는 생글생글 웃는 얼굴이었지만 '착한 어린이 대상'을 받으면서부터 표정이 바뀌기 시작한다. 어쩐지 심술기가 가득한 얼굴이다. 텔레비전 쇼에 나와 자기가 받은 상에 관해 얘기할 때는 날카로운 송곳니도 드러낸다. 급기야 악어를 피해 도망가는 친구들을 향해 뛰지 말라고 혼낼 때는 표정이 무시무시해진다. 마치 말 안 듣는 아이 앞에서 화를 참지 못하는 '엄마' 같다.

제제벨은 말 그대로 엄마에게 칭찬받을 만한 행동만 한다. 게다가 엄마가 시키지 않아도 알아서 척척 해낸다. 그야말로 모든 엄마가 바라는 이상적인 자녀상이다. 그런데 제제벨은 진심으로 '착한 어린이'가 되고 싶었을까? 제제벨의 얼굴엔 뾰루지가 한가득이다. '착한 어린이 대상'을 받으면서도 전혀 행복해 보이지 않는다. 오히려 상이 늘어날수록 제제벨의 얼굴은 더욱 심술궂게 변한다. 하고 싶은 대로 행동한 결과였다면, 제제벨이 조금 더 행복해 보였을 것이다.

제제벨은 왜 그토록 완벽한 아이가 되려고 애썼을까? 그래야 엄마에게 사랑받을 수 있기 때문이다. 그래야 엄마가 자기 곁을 떠나지 않을 거라고 믿기 때문이다. 처음에는 제제벨도 이렇게까지 엄마에게 종속될 것이라고는 생각하지 못했을 것이다. 아주 사소하게 칭찬받은 일을 계기로 기관차처럼 폭주하게 됐는지도 모른다. 제제벨은 자기에게 절대적 존재인 엄마에게 잘 보여야 했다. 그 일로 칭찬받는 범위가 넓어지자, 모든 이에게 사랑받기 위해 고군분투하게 된 것이다.

타자의 욕망에 먹힌 나의 욕망

주체적인 욕망 없이 타자의 욕망만을 좇다 보면 당연히 삶이 피폐해진다. 제제벨은 어머니의 보호 아래 어머니의 욕망을 따라가느라 스스로 욕망할 겨를이 없었다. 이런 제제벨의 모습은 《어부와 아내》에 나오는 어부를 떠올리게 한다. 어부도 처음에는 '어머니'의 욕망에 충실했을 것이다. 결혼한 뒤에는 아내의 욕망에 종속되는 쪽으로 옮아간 것일 테고.

주체적인 욕망 없이는 독자적인 삶을 꾸려 나갈 수가 없다. 주체성을 확립하지 못한 제제벨 앞에 악어의 침입 같은 예측할 수 없는 상황이 닥쳤을 때 비극을 피할 수 없는 것은 어찌 보면 당연하다. 제제벨이 악어에게 먹히는 장면은 매우 충격적이지만, 따지고 보면 새삼스러울 것도 없다. 제제벨은 이미 엄마에게 '먹힌' 상태였으니 말이다.

우리 주변에는 수많은 제제벨이 있다. 아이들을 향한 양육자의 요구는 점점 더 강해지고, 아이들은 기를 쓰며 그 버거운 요구를 받아내고 있다. 거듭 말했듯이 '사랑받기 위해서' 말이다.

대표적인 것이 공부다. 아이가 경쟁에서 살아남기 위해서는 상대를 이겨야 하고, 그러기에 공교육만으로는 부족하다고 생각하는 학부모가 많다. 그들은 아이의 성공을 위해 무리해서 사교육을 시키고 밤늦게까지 공부하라 다그친다. 자식을 사랑하기 때문에 할 수 있는 요구다. 하지만 아이들이 버티지 못할 만큼 버거워한다는 게 문제다. 자기들이 감당할 수 있는 선을 넘어서는 과도한 과외, 학원 교육으로 아이들의 삶은 오히려 말할 수 없이 힘들어지는 것이다.

이렇게 되면 '어머니'의 사랑은 과연 누구를 만족시키기 위한 사랑인지 생각해 볼 일이다. 오늘도 내 아이는 사랑으로 포장된 양육자의 요구가 버거워 시나브로 시들고 있을지 모른다. 아이에게 가혹할 만큼 공부를 강요하는 학부모들은(이런 학부모가 예상보다 훨씬 많다.) 아이의 성취가 자기 자신의 만족, 자신의 욕망을 채우기 위한 것은 아닌지 자문해 볼 일이다.

꽤 오래된 일이지만, 한 고등학생이 전교 1등을 하자마자 자살한 사건이 있었다. 그가 남긴 "1등 해 줬으니 됐지?"라는 유언으로 온 사회가 충격과 비탄에 빠졌더랬다. 어머니의 욕망에 희생당한, '나'의 욕망을 펼쳐 보지도 못한 아이의 비극적인 죽음이었다. 슬프지만 그 아이는 어머니에게서 벗어날 수 있는 길은 오직 죽음밖에 없다고 생각했을지도 모른다.

버려지지 못해서 버림받는 남자의 이야기
《나무꾼과 선녀》

그러면 어머니의 욕망에 먹혀 버린 아이의 미래는 어떻게 될까? 우리가 잘 아는 옛이야기 〈나무꾼과 선녀〉를 보자. 이는 구전 민담이니만큼 여러 판본이 있는데, 그림책《나무꾼과 선녀》(오정희 글, 장선환 그림, 비룡소, 2011)는 그중에서도 '수탉 유래담'을 담고 있다.

선녀가 달빛을 타고 연못으로 목욕하러 내려왔을 때, 나무꾼이 선녀의 날개옷을 훔친다. 나무꾼은 발이 묶인 선녀와 결혼한다. 이전에 나무꾼이 구해 준 노루 덕분이다. 노루는 선녀가 아이 넷을 낳을 때까지 날개옷을 주지 말라고 했지만, 나무꾼은 아이 셋을 낳았을 때 방심하여 옷을 내주고 만다. 선녀는 그길로 훨훨 날아가 버린다. 나무꾼은 다시 한번 노루의 도움을 받아 하늘로 올라가서 선녀와 행복하게 산다.

그런데 나무꾼은 지상에 두고 온 어머니를 잊지 못하고, 선녀에게 받은 용마를 타고 어머니를 보러 간다. 선녀는 말에서 절대 내리면 안 된다고 신신당부했지만, 나무꾼은 약속을 어겨 결국 하늘로 돌아가지 못한다. 그날부터 나무꾼은 하늘을 보고 매일매일 울다가 수탉이 된다.

나무꾼과 어머니는 단둘이 서로 의지하며 살았다. 아들은 어머니를 위해 나무를 하고 어머니는 아들을 위해 주먹밥을 만들었다. 나무꾼이 나이가 차도록 장가들지 못한 데는 모자 사이가 너무 좋은 것도 한몫했을 것이다. 아이를 셋이나 낳을 만큼 꽤 긴 시간을 함께했음에도 선녀는 날개옷을 받자마자 하늘로 올라가 버린다. 각별한 모자 사이에서 가족으로 자리 잡지 못한 게 아닐까.

선녀는 하늘까지 자신과 아이들을 찾으러 온 남편을 내치지 않는다. 부부 사이에 애정이 없어 떠난 것은 아닌 모양이다. 어쩌면 가정을 꾸린 뒤에도 계속되었을 어머니의 과도한 사랑과 그런 어머니한테서 독립하지 못하는 남편을 견디기 힘들었으리라. 아들이 떠난 후 어미를 영영 잊었느냐며 애절하게 부르짖는 어머니를 보면, 지상에서 겪었을 선녀의 괴로움을 어느 정도 짐작할 수 있다.

기껏 어머니와 분리되어 자신을 택했으면서도 어머니를 잊지 못하는 남편에게 선녀는 선택지를 내민다. '나'를 선택한다면 말에서 내리지 않은 채로 어머니를 보고 오라는 것이다. 선녀의 짐작대로 나무꾼은 하늘로 돌아오지 못한다. 어머니와의 분리에 실패한 것이다. 그렇다고 어머니 곁에서 행복을 누리지도 못한다. 어머니에게 주체성을 먹혀 버린 나무꾼은 수탉이 되어 하늘만 올려다보며 선녀를 그린다. 이처럼《나무꾼과 선녀》는 어머니에게서 온전히 분리되지 못해 주체를 잃어버린 한 남자의 이야기로도 읽힌다.

버려져야 비로소 시작되는 삶 《헨젤과 그레텔》

사실 아이를 사랑하지 않는 '어머니'는 없다. 그럼 내 아이가 제대로 살아가게 하려면 어머니는 어떻게 해야 할까? 필요할 때 아낌없이 사랑을 주고 그 뒤에는 놓아주어야 한다. 사랑한다면 버려야 하는 것이다. 이 과정에서 갈등하는 어머니의 이중성을 잘 보여 주는 그림책이 있다. 바로《헨젤과 그레텔》(그림 형제 글, 앤터니 브라운 그림, 장미란 옮김, 비룡소, 2005)이다. 그림 형제가 각색한 옛이야기〈헨젤과 그레텔〉에 앤서니 브라운의 그림 해석이 새롭게 붙으면서 독창적인 그림책으로 재탄생했다.

가난한 나무꾼 부부는 먹고살기 힘들어지자 아이들을 버리기로 한다. 망설이는 아빠보다 새엄마가 훨씬 적극적이다. 결국 숲에 아이들을 버리러 가는데, 헨젤이 전날 모은 조약돌로 길을 표시해 두는 바람에 부부의 계획은 실패하고 만다. 두 번째에는 좀 더 용의주도하게 아이들을 버린다. 밤에 나가서 조약돌을 줍지 못하게 새엄마가 미리 문을 잠가 버린 것이다. 그리하여 헨젤과 그레텔은 집으로 돌아오지 못하고 숲속을 헤매다가 과자 집으로 유인한 마녀에게 붙잡힌다. 그곳에서 아이들은 죽을 고비를 넘기면서 간신히 마녀를 해치우고 금은보화를 챙겨 집으로 돌아온다.

이 책의 속표지에는 새장에 갇힌 작은 새 한 마리가 그려져 있다. 창살이 몹시 빽빽하고 견고해 보여서 작은 새는 도저히 새장을 빠져나갈 수 없을 것 같다. 뒤에 나올 장면, 마녀에게 속아 우리에 갇히는 헨젤과도 겹쳐 보이는 그림이다. 이미 속표지에서부터 이것이 갇힌 존재가 틀을 벗어나는 이야기라고 알려 주는 것이다.

이 책에서 갇힌 듯 보이는 이미지는 또 있다. 아이들이 조약돌을 따라 다시 집으로 돌아왔을 때 현관문 안쪽에서 냉정한 얼굴로 밖을 보던 새엄마. 현관문 유리에 세로로 창살이 있어서 마치 새엄마가 집 안에 갇힌 듯한 인상을 준다. 이 장면은 과자 집 창문 안쪽에서 아이들을 바라보던 마녀의 이미지와 겹친다. 창문의 격자무늬 창살 또한 마녀를 그 안에 가둔 것처럼 보이기 때문이다.

새장에 갇힌 새는 과자 집 우리에 갇힌 헨젤과, 현관문 안쪽의 새

엄마는 과자 집 창가의 마녀와 각각 동일시된다. 그들은 모두 갇혀 있다. 과자 집에서 탈출하기 전까지 헨젤은 아직 엄마에게 종속된 존재로서 당연히 갇힌 인물이다. 돌아온 아이들을 맞는 새엄마는 아직 아이와의 분리를 완수하지 못한 어머니를 상징한다. 숲속에서 방황하는 아이들을 끌어들이는 마녀 또한 아이를 향한 욕망을 포기하지 않은 어머니의 분신이다. 이 둘은 아이와의 분리에 실패한 어머니라는 점에서 갇힌 존재들이다.

유의해서 봐야 할 점은 그림책에서 아이들을 버리기로 하는 데 결정적인 역할을 하는 것이 아버지라는 사실이다. 아버지가 새엄마에게 더 이상 아이들을 먹여 살릴 방법이 없다는 식으로 하소연하면서 새엄마가 아이들을 버리자고 강경하게 말할 빌미를 제공하기 때문이다. 새엄마가 돌아온 아이들을 다시 한번 버리자고 할 때도 아버지는 결국 말리지 않는다. 이처럼 아이들이 엄마에게서 '버려지기' 위해서는 아버지의 역할이 아주 중요한데, 이는 다음 장에서 본격적으로 다루겠다.

그림책에서 아이들을 버리는 사람은 '새엄마'다. 원래 구전 설화에서는 친엄마였는데, 그림 형제가 아이들을 위한 동화로 다시 쓰면서 새엄마로 바꿨다는 설이 있다. 어린아이를 깊은 숲속에 버리고 냉정하게 가 버리는 엄마라니, 참으로 잔혹한 이야기다. 그런데 아이를 버린다는 것은 사실 어머니와의 '분리'를 상징한다. 이는 아이가 성장하는 데 반드시 필요한 과정이다. 어머니에게서 버려져야

'상징계'라고 하는 언어와 법의 세계로 들어갈 수 있기 때문이다.

그러니까 헨젤과 그레텔을 모질게 내친 새엄마는 도의적으로 누가 봐도 나쁜 사람이지만, 정신분석의 측면에서는 아이들이 성장하는 데 아주 큰 역할을 하는 셈이다. 사랑이라는 이름으로 아이를 속박하는 것보다 훨씬 바람직한 선택을 한 사람인지도 모른다. 불행한 제제벨들의 양산을 막는다는 점에서 말이다.

버릴까 가둘까, 버려질까 먹힐까

때가 되면 그래야 한다지만, 아이를 버리는 건 당연히 '어머니'에게도 쉽지 않은 일이다. 사랑하는 자식을, 나의 한쪽을 버리면 어머니에게도 결여가 생긴다. 헨젤과 그레텔의 엄마는 앞에서 버리고 뒤에서 붙잡는 길을 택한다. '새엄마'가 숲에 아이들을 버리고, 그렇게 버려진 아이들을 '마녀'가 다시 집으로 들이는 식이다. '새엄마'와 '마녀'는 모두 어머니의 다른 얼굴이다. 어머니는, 버리려는 새엄마와 붙잡으려는 마녀로 분열되어 있다.

앤서니 브라운은 조약돌을 이용해 집에 돌아온 아이들을 매섭게 노려보는 새엄마와 과자 집을 허겁지겁 뜯어 먹는 아이들을 훔쳐보는 마녀를 비슷하게 그림으로써 그 둘이 동일 인물임을 간접적으로 드러낸다. 어머니는 자신의 욕망을 누르며 새엄마처럼 아이를 세상으로 내보내려는 사람이기도 하지만, 마녀처럼 달콤한 과자로 아이를 유인하여 영원히 자기 안에 가두려는 존재이기도 한 것이다. 결국, 어머니에게서 벗어나느냐 어머니에게 먹히느냐는 아버지의 역할과 아이들의 선택에 달려 있다.

재미있는 것은 마녀의 선택이다. 살을 찌워 잡아먹으려고 우리에 가둔 것이 헨젤, 바로 아들이다. 그리고 그 아들을 잡아먹기 위해 딸에게 맛있는 음식을 만들게 한다. 프로이트의 주장처럼 어머니(마녀)의 욕망이 아들에게 더 강하게 작용하는 것이다. 딸은 상대적으로 독립하기 쉬운 것으로도 보인다.(라캉의 시선으로 볼 때는 모녀 관계가 그렇게 간단하지만은 않지만 말이다.)

헨젤은 처음부터 엄마에게서 벗어나지 않으려고 조약돌을 모으던 아이였다. 얼핏 생각이 깊어 보이지만 사실은 엄마한테 버림받을까 봐 몹시 불안해하는 아이, 아직 독립할 준비가 되지 않은 아이다. 어쩌면 그 때문에 그레텔보다 먼저 마녀에게 잡아먹히는 대상이 되었을 수도 있다. 그렇다면 마녀의 선택을 받았을 때 좋아해야 할 텐데, 헨젤은 마녀가 가둘 때 목이 터져라 소리를 지른다. 언제까지나 엄마 품속에 있고 싶지만, 한편으로는 엄마에게 잡아먹힐지도 모른다는 두려움을 의식적으로든 아니든 느끼기 때문일 것이다. 반면에 그레텔은 마녀를 유인해 과감하게 화덕 안으로 떠밀어 버린다. 이것은 아이들 스스로 엄마에 대한 환상을 없애 버림으로써 돌아가고 싶은 엄마의 품을 포기하는, 엄마를 향한 미련을 애초에 잘라 내 버리는 상징적인 장면으로 볼 수 있다.

새엄마와 마녀가 '어머니'의 양면을 상징하듯, 헨젤과 그레텔은 한 아이가 지닌 두 가지 자아로도 해석할 수 있다. 아이들은 모두 한편으로는 엄마 품에서 떠나지 않으려 하면서도 다른 한편으로는 어떻게 해서든 벗어나려고 애쓰는 존재이기 때문이다. 그런 맥락에서 헨젤과 그레텔 역시 한 사람의 내면에 있는 두 자아, 분열된 자아를 상징한다고 볼 수도 있다.

마녀를 없애고 나니, 집 안 곳곳에 있던 진주와 보석이 그제야 눈에 들어온다. 헨젤은 주머니에 보석을 가득 넣으면서 조약돌보다 훨씬 좋다고 말한다. 조약돌은 버려지지 않으려는 안간힘을 상징할 뿐 현실에서는 무용한 물건이다. 헨젤이 현실 세계에서 조약돌보다 훨씬 경제적 가치가 큰 보석을 알아보는 장면은 그가 어머니에게서 벗어나 '법의 세계'에 무사히 진입했음을 상징적으로 보여 준다.

헨젤과 그레텔이 확실히 어머니에게서 벗어났다는 것은 집으로 돌아왔을 때 새엄마가 죽고 없었다는 데에서도 확인할 수 있다. 새엄마도 마녀도 모두 죽음으로써 그들은 완벽하게 어머니에게서 독립하게 되었다. 모든 것을 내주면서도 한편으로는 아이의 삶을 지배하던 '어머니'는 이제 없는 것이다.

스스로 품은 알을 깨고 날아간 아이
《알》

앞서 말한 것처럼 아이들이 어머니에게서 벗어나는 과정에서 아버지는 실마리를 제공하고 어머니는 결단을 내리는 등 각각 맡은 역할이 있다. 그러면 당사자인 아이들은 어떤 역할을 할까? 아이들도 어머니와 분리되는 과정에서 주체로 살아남기 위해 고군분투한다. 그림책《알》(이기훈 지음, 비룡소, 2016)에서처럼 말이다.

작가는 표지에서부터 이미 하고 싶은 이야기를 꺼내 놓고 있다. 표지를 보면, 달걀판에 '알'이 딱 한 개 있다. 흠 없이 온전한 알이다. 속표지에서는 그 온전했던 알에 금이 조금 가 있고, 뒤표지에서는 아예 알맹이는 온데간데없이 알껍데기만 남아 있다. 알을 깨고 나온 것이 어디론가 떠났다는 얘기다. 알에 감싸여 있던 것은 틀림없이 작고 연약할 테지만, 그게 무엇이든 스스로 껍데기라는 '틀'을 깨고 나온 뒤에는 온전한 주체로서 살아갈 것이다. 깨고 나온 '틀'이 어떤 것인지 주시하면서 그림책을 좀 더 자세히 살펴보자.

책장을 넘기면 나오는 면지에는 크고 작은 눈들이 수없이 많이 그려져 있다. 어떤 눈은 다정하고, 어떤 눈은 놀란 듯 보이고, 어떤 눈은 장난스럽고, 어떤 눈은 호기심에 가득 차 있다. 그런데 이야기가 끝나고 책을 덮기 전 나오는 면지에는 한 쌍의 눈만 남아 있다. 누구의 것인지는 모르지만 단 한 존재만 남겨진 것이다. 이것이 뜻하는 바는 무엇일까.

아이는 길가에 파는 병아리를 사 달라고 떼를 쓰지만, 엄마는 끝내 사 주지 않는다. 그러자 아이는 냉장고에서 '알'을 잔뜩 꺼내 이불 속에 파묻고 자기가 품는다. 수상쩍게 여기는 엄마 눈을 피하느라 고생하면서. 드디어 알에 금이 가고, 예상치 못한 수상한 동물들이 잔뜩 태어나는 바람에 아이는 기겁한다. 아이가 엄마 눈을 피해 먹을 것을 나르느라 바쁜 가운데, 동물들은 쑥쑥 자라 어느새 방이 터질 듯이 꽉 찬다. 더는 같이 있기가 힘들어지자, 아이는 동물들을 모두 데리고 나가서 오리 배를 탄다. 오리 배는 고래에게 삼켜졌다가 물기둥과 함께 발사되면서 진짜 오리가 되어 멀리멀리 날아가 버린다. 한편, 아이를 잃은 엄마는 그리운 마음에 날마다 아이 방을 서성인다. 어느 날 오리 한 마리가 아이 방 창가로 날아와 커다란 알을 낳아 두고 떠난다. 엄마가 그 알을 주우려는 찰나에 이야기는 끝난다.

알을 깨고 나온, 아이의 억눌린 자아들

아이가 병아리를 얻으려고 이불에 숨긴 알은 모두 냉장고에서 꺼내 온 달걀이다. 어떻게 해도 부화할 리가 없는 알들을 깨고서 병아리도 아니고 무려 호랑이, 얼룩말, 사자, 곰, 기린, 코끼리, 코뿔소, 돼지, 표범에 치타까지 수많은 동물이 천연덕스럽게 모습을 드러낸다. 동물들이 방 안을 가득 채울 만큼 커질 때까지 아이는 싫은 표정 한 번 짓지 않고 정성스레 돌본다. 엄마 눈을 피해 먹이고 보살피기가 쉽지 않을 텐데 말이다.

엄마는 대체로 아이에게 무심하다. 그러나 신경에 거슬리는 일이 생기면 즉각 반응한다. 동물들이 깃털 베개를 물어뜯고, 천장 전등갓에 매달리고, 피아노를 두드리고, 책을 갈가리 찢으면 엄마는 부서져라 방문을 두드린다. 한바탕 엄마의 잔소리가 지나간 다음에는 자로 잰 듯 깔끔해진 아이 방 모습이 펼쳐진다. 리모컨을 손에 들고 소파에 앉아 있는 엄마의 표정은 한없이 권태롭고, 수리 기사로 보이는 사람과 언쟁을 벌이거나 아이를 다그칠 때는 매우 신경질적이다. 엄마의 성격이 드러나는 대목이다.

그림책에 아빠는 한 번도 등장하지 않는다. 방에 있는 사진은 아이 혼자서 또는 동물이나 친구들과 찍은 것뿐이다. 실제로든 정신적으로든 아버지가 부재한 상태에서 어머니의 욕망은 방향을 잃고 아이를 짓누른다.

이런 상황에서 아이는 자유로울 수 없다. 병아리를 사는 대신 달걀이라도 품어 보겠다는 말은 절대로 할 수 없다. 알에서 생각지도 못한 동물들이 깨어나는 엄청난 일이 벌어졌을 때도, 아이는 엄마에게 달려가기는커녕 들킬까 봐 전전긍긍한다. 아이가 견뎌야 할 엄마의 틀은 너무 크고 견고해 보인다. 일반적으로 어머니를 위시한 양육자가 아이에게 자신의 욕망을 드러낼 때 반드시 사랑의 형태로 내보이지는 않는다. 때로는 학대, 때로는 무관심의 탈을 쓰고 아이의 숨통을 조이기도 한다.

숨 막히는 상황에서 아이가 찾은 탈출구는 '알'이다. 아이의 욕구 불만이 알에서 수많은 동물들을 깨웠다. 아이는 동물들이 갖은 말썽을 부리는 통에 엄마 눈치를 보며 감추고 수습하느라 애를 먹는다. 그렇지만 바닥에 우유를 쏟고, 사과는 몇 번 베어 물다 던져 버리고, 전등갓을 망가뜨리고, 책은 마구 찢어 버리고, 베개를 터뜨려 깃털을 흩날리게 하고, 음정 박자 무시한 채 아무렇게나 피아노를 뚱땅거리고 싶었던 것은 사실 아이였으리라. 그때까지 억눌려 있던 아이 내면의 충동과 욕망을 동물들이 한꺼번에 드러내 보인 것이다.

그 점을 증명하듯, 아이는 동물들의 말썽으로 엄마한테 잔소리를 들을 일이 많아지는데도 시종일관 쾌활하다. 동물들의 행동에서 카타르시스를 느끼기 때문이다. 어쩌면 그 모든 말썽은 아이 자신이 부렸는지도 모른다. 수많은 동물은 아이 내면의 다양한 요구를 대변한다. 동물들이 무럭무럭 자라듯 내면의 요구도 차츰 커지면서 아이는 드디어 밖으로 나갈 용기가 생긴다.

엄마에게 남은 알과 한 쌍의 눈

더는 엄마 눈을 피할 수 없었던 아이는 동물들을 모두 이끌고 오리 배를 탄다. 숨 막히는 '어머니의 세계'에서 커지는 자기 내면의 목소리를 더는 외면할 수 없어 탈출을 감행한 것이다. 그러나 탈출은 순조롭지 않다. 성장이라는 것이 응당 그렇듯이. 아이가 탄 오리 배는 폭풍우를 만나고 고래 배 속에서 갖은 고생을 겪은 뒤 분수공을 통해 밖으로 뿜어져 나온다. 아이와 동물들은 완전한 한 마리 오리가 되어 멀리멀리 날아간다.

한편, 아이를 잃은 엄마는 시름에 잠겨 아이 방을 지킨다. 아이가 떠난 방은 엄마의 성격대로 아이를 뺀 모든 것이 제자리에 있고 먼지 한 톨 없이 깔끔하다. 아이 사진을 들고 창밖의 오리 배를 바라보는 엄마는 아이가 스스로 떠났음을 직감한 듯하다. 그런데 저 멀리 하늘에서 오리 한 마리가 날아온다. 오리는 슬퍼하는 엄마를 잠시 바라보다  가 창틀에 알을 하나 낳아 두고 떠난다. 엄마가 의아한 얼굴로 알을 집으려는 순간 이야기는 끝난다. 그리고 맨 처음에 말했던 호기심 가득한 눈 한 쌍이 모습을 드러낸다.

지금쯤 눈치챘겠지만, 처음 표지를 넘겼을 때 나오는 수많은 눈은 아이가 부화시킨 동물들의 눈이다. 그럼 마지막에 나오는 눈은 누구의 눈일까? 오리는 무슨 생각으로 알을 두고 갔을까? 엄마는 알을 부화시켰을까? 알에서는 누가 나왔을까?

막 사춘기에 접어든 여학생에게 이 그림책을 보여 주고 마지막 장면 속 알에 무엇이 들었을 것 같은지 물은 적이 있다. 그 학생은 만약 엄마가 아이를 다시 보는 게 소원이라면 알 속에 그 아이가 있을 것이라고 대답했다. 아이와 재회할 가능성이 엄마의 의지에 달렸다는 식의 대답에 무척 놀랐다. 그 말대로 엄마의 바람이 이루어져 알에서 주인공 아이가 나온다면 이전과는 분명 다른 모습일 것이다. 과연 아이는 엄마에게 다시 한번 기회를 주었을까? 마지막에 나오는 눈 한 쌍이 그 해답이 될 수도 있겠다.

어머니의 품에서 아버지의 옆자리로
《피터의 의자》

'나'가 주체로 탄생하려면 어머니가 나를 놓아주어야 한다. 이때 아버지의 역할이 절대적으로 필요하고, 나도 의지를 가지고 노력해야 한다. 여기에 '나'와 어머니의 분리를 도와주는 존재가 하나 더 있는데, 바로 동생이다. 그림책 《피터의 의자》(에즈러 잭 키츠 지음, 이진영 옮김, 시공주니어, 1996)에서는 동생 때문에 어머니와 더 빨리 분리될 상황에 놓인 오빠의 미묘한 심리를 살펴볼 수 있다.

피터에게 동생이 생겼다. 요람도 식탁 의자도 아기 침대도 동생 차지가 돼 버렸다. 피터는 침대 옆에서 아직 분홍색으로 칠해지지 않은 자기 의자를 발견한다. 피터는 의자를 들고 무작정 집을 나간다. 하지만 정작 쉬고 싶을 때 피터는 그 의자에 앉을 수 없다. 의자가 너무 작은 것이다. 피터는 슬그머니 집에 들어와 기꺼이 아빠 옆자리에 앉는다.

피터는 갓난아기인 동생 때문에 맘껏 뛰놀 수 없어 화가 났다. 사실은 자기 것이었던 물건들을 죄다 동생에게 빼앗겨서 더 화가 났다. 침대도 요람도 식탁 의자도 원래는 피터 물건이었다. 그런데 이제는 죄다 동생인 수지 것이라고 선언하듯 덧씌운 분홍색이 피터의 마음을 후빈다. 아기 방에서 파란색이 사라진다는 것은 이제 더 이상 피터가 그 물건의 주인이 아니라는 뜻이다. 더 정확하게는, 그동안 피터가 삶을 유지하기 위해 어머니에게서 받던 모든 것을 이제 피터가 아니라 동생 수지가 받게 될 것이라는 뜻이다.

피터는 동생이 생기면서 집안 분위기가 달라져 당황스럽다. 조용히 하라며 피터를 혼낸 엄마는 곧 행복한 표정으로 동생의 요람을 흔들어 준다. 그 모습을 엿본 피터는 가슴이 무너진다. 금세 울음이라도 터뜨릴 것 같다. 아빠는 식탁 의자를 분홍색으로 칠하면서 아무렇지 않게 피터에게 도움을 청한다. 아빠를 바라보는 피터의 눈빛에서는 분노마저 느껴진다. 이러니 피터가 동생 수지를 좋아할 수 있겠는가.

　세상 모든 언니 오빠 누나 형들은 동생을 미워한다. "그럴 리가요. 우리 아이가 동생을 얼마나 예뻐하는데요?" 하고 반박할 사람도 있을 것이다. 하지만 그건 동생을 진짜 예뻐한다기보다 예뻐하려고 노력하는 것일 가능성이 크다. 그렇게 하기를 어머니가 바라니까. 그렇다면 동생이 미운 이유는? 말할 것도 없이 어머니를 빼앗아 갔기 때문이다. 앞서 말한 것처럼 어머니는 아이가 태어나서 처음으로 자기 생사를 맡긴 중요한 사람이다. 아이가 웬만큼 자라면 어머니는 아이 말고도 이것저것 신경을 쓰기 시작하는데, 그런 사정을 알 리 없는 아이는 어머니가 자꾸 사라지는 것이 불안하기만 하다. 그 와중에 갑자기 동생이 생기면 어머니는 그만큼 아이에게서 더 멀어진다. 자기 것으로 여겼던 어머니의 품과 젖가슴을 그 녀석이 몽땅 차지해 버린다. 얼마나 기가 막히겠는가? 아이는 어떻게 하면 저 녀석을 없애 버리고 내 자리를 다시 찾아올 수 있을지 온통 그 생각뿐이다. 내내 동생에게 다정하던 형이 어머니가 잠시 한눈파는 사이에 득달같이 달려들어 동생을 냅다 후려치고 도망가는 게 다 그런 이유 때문이다.

피터는 동생을 때리는 대신 의자를 들고 도망친다. 아직 분홍색으로 칠해지지 않은 아기 의자. 엄마가 내 것이라고, 내가 엄마한테서 버려지지 않았다고 확인시켜 주는 유일한 대상. 그런데 피터는 그 의자에 앉을 수가 없다. 이미 작아져 버린 의자! 그제야 피터는 깨닫는다. 그 의자에 앉을 수 있는 시간이 이미 지났음을, 자신은 더 이상 엄마 곁에서 엄마가 주는 것만으로 살아갈 수 없음을.

아기 의자로 상징되는 과거의 자리가 더 이상 내 것이 아님을 알게 된 피터는 엄마의 품을 떠나 '아버지의 세계'로 들어간다. 고통이 없을 수야 없겠지만 어쩔 수 없다는 것을 피터는 이미 알고 있다. 피터는 어른 의자를 담담하게 받아들인다. 드디어 자기에게 맞는 자리를 찾은 피터를, 아빠가 바로 옆에서 흐뭇하게 바라본다. 요람 속 아기를 어르는 엄마와 피터의 어깨를 감싸 안는 아빠가 묘하게 대비를 이룬다.

이처럼 동생은 얄밉게도 어머니의 관심과 사랑 그리고 욕망의 대상을 차지해 버림으로써 '나'가 어머니와 분리될 수밖에 없도록 돕는 중요한 역할을 맡는다. 흔히 막내보다 맏이가 철이 빨리 든다고 느끼는 것은 그런 이유 때문이다.

곤충은 유충으로 태어나서 몇 번의 탈피를 거쳐 성충이 된다. 이때 껍질을 찢고 탈피에 성공한 유충은 살아남아 다음 탈피를 준비하지만, 첫 껍질을 벗는 데 실패한 유충은 그대로 죽음을 맞는다. 유충의 껍질은 처음에는 안전한 보호처이자 영양 공급처 역할을 한다. 그러나 시간이 지나면 너무 작아져서 더는 그 안에 머물 수 없다. 유충은 그즈음 탈피를 시작한다. 그러니 탈피에 실패하여 껍질을 벗어나지 못하면 작은 껍질 속에 갇혀 죽고 만다.

어찌 보면 어머니에게서 벗어나는 일도 이와 비슷하다. 갓 태어난 아기에게 '어머니'는 가장 안전하며 가장 달콤한 장소이지만, 시간이 지나면 그곳에서 벗어나 고유한 주체로 거듭나야만 한다. 그렇게 하지 못하면 '어머니'에게 갇혀 주체가 아닌 대상으로 전락하는 것이다.

2

뻥 뚫린 가슴, 누가 채워 줄 거야?

앞서 아이가 제대로 성장하기 위해서는 반드시 어머니와 분리되어야 한다고 했는데, 이때 아이는 너무나 고통스러운 상실을 경험한다. 아이가 젖을 떼는 과정을 생각해 보자. 아이는 어머니의 젖가슴을 나의 몸으로 인식한다. 그러니까 아이에게는 이것이 단순히 빌린 것을 돌려주는 차원이 아니라, 내 몸의 한 부분을 떼어 내는 것과 같다. 갑자기 몸에 구멍이 뚫린 것이기에 아이는 너무 아프고 분하고 서러울 수밖에 없다. 이 아픔은 아이에게 최초의 상실로 각인된다. 이처럼 어머니와 분리되는 과정에서 아이에게는 돌이킬 수 없는 결여가 생긴다. 우리는 평생 몸에 뻥 뚫린 그 구멍을 메우기 위해 애쓰며 살게 된다.

어머니와 분리되는 과정에서 아이는 어머니의 잦은 부재에 불안을 느낀다. 오이디푸스 콤플렉스 단계에 이르면, 아이는 어머니가 자꾸만 사라지는 이유를 아버지 때문이라 여긴다. 당연히 아버지가 미울 것이다. 하지만 완벽한 줄 알았던 어머니에게도 결여가 있고 그것을 메워 줄 수 있는 사람이 아버지라고 생각하게 되면서, 아이는 아버지를 '무언가 대단한 것'을 가진 사람으로 인식하게 된다. 무언가를 가진 아버지, 힘이 있는 아버지, 한편으로 두려운 아버지를 닮고 싶어 한다. 아버지처럼 '다 가진 자'가 되고 싶은 것이다. 물론 이 모든 것은 아이의 상상 속에서 일어나는 변화다.

그 대단한 아버지가 아이를 부른다. 나를 따르면 네가 갖고 싶은 것을 세상(상징계)에서 찾을 수 있다면서. 그런데 조건이 있다. 어머니는 물론 그동안 어머니에게 받았거나 받고 싶었던 모든 대상(예컨대 젖가슴 같은 것)이 금지된다는 것이다. 금지된 것은 무의식이 되고, 아이와 어머니의 분리가 완성된다. 아이는 아버지를 지표 삼아 뻥 뚫린 가슴을 채울 대상을 어머니가 아닌 세상에서 찾기로 한다. 아이가 자신에게 결여된 것을 세상의 법과 언어의 테두리 안에서 찾아가는 것, 이것이 바로 욕망이다.

이때 아이가 따르는 아버지를 '상징적 아버지' 또는 '아버지의 이름'이라고 한다. 이는 언어와 법으로 이루어진 상징계에서 삶의 기준이 되는 어떤 것 정도로 말할 수 있다. 진짜 아버지가 아니라 상징적인 아버지라서 그 자리는 비어 있다. 상징적 아버지의 자리가 비어 있지 않고 실존하면서 군림하면 주체는 어머니에게 종속되어 있던 때보다 더 못한 상황에 빠질 수도 있다. 상징계에서는 아버지의 이름이 비어 있기에 주체가 자기만의 고유한 여지를 발휘할 수 있는 것이다. 아버지의 이름은 인간의 마음에 내면화된 법을 상징한다고도 볼 수 있다.

프로이트와 라캉이 주체의 욕망 형성 과정에 굳이 아버지를 내세운 이유는 '금지'를 강조하기 위해서일 것이다. 그만큼 아이에게 어머니를 금지하는 일이 중요한 까닭이다. 사실 어머니는 아이가 원하는 것을 영원히 줄 수 있는 존재가 아니다. 어머니 또한 결여가 있는 인간이기에 굳이 금지하지 않아도 아이가 원하는 모든 것을 줄 수 없다. 그런데도 금지와 분리를 강조하는 까닭은 '금지'라는 말이 주는 효과 때문이다.

금지라고 하면 '가능한' 것을 막는 느낌이 든다. 가질 수 있는 것을 갖지 못하게 '금지'하면 더 갖고 싶어지는 게 인간의 속성이다. 그래서 주체는 어떻게든 그것을 찾으려 한다. 어머니에게서 찾는 것은 불가능하게 되었으니 눈을 돌려 세상에서 찾겠다는 것이다. 그러니까 금지는 욕망을 추동하는 원동력이다. 그 과정에서 어머니와 가장 가까운 곳에 있는 아버지는 어머니와 아이 사이에서 간섭하기 딱 좋은 존재로, 지대한 영향을 끼칠 수밖에 없다.

폭군의 검은 비밀을 벗겨 내면 《으르렁 아빠》

경쟁자로서 아버지를 미워하는 오이디푸스 콤플렉스 단계의 아이 눈에 아버지는 어떤 모습으로 비칠까? 그림책에서는 이 모습이 어떻게 구현될 수 있는지 살펴보자.

항상 검은색 장화에 검은색 장갑만 끼고서 으르렁대는 늑대가 있다. 그림책《으르렁 아빠》(알랭 세르 글, 브뤼노 하이츠 그림, 이하나 옮김, 그림책공작소, 2016)의 주인공 아빠 늑대다. 숲속 동물들은 모두 아빠 늑대를 무서워한다. 다정한 아내, 사랑스러운 딸과 세 아들도 늘 아빠를 피하고, 재미있는 이야기도 자기들끼리만 한다. 으르렁 늑대는 게걸스럽게 밥을 먹고 긴 의자에 편히 누워 아이들에게 노래를 부르라고 명령하는 폭군이기 때문이다.

어느 날, 더는 참을 수 없었던 아이들이 아빠가 잠든 사이에 장화도 벗기고 장갑도 벗긴다. 그랬더니 검은색 장화와 장갑 속에서 초록색, 분홍색, 노란색, 파란색 발들이 나타난다. 아이들은 놀랐지만,

ⓒ 엘렌드 하이츠, 책 그림 나무

그때부터는 아빠를 무서워하지 않게 되었다. 본모습을 들킨 아빠는 당황해서 다시 폭군의 지위를 찾기 위해 고군분투한다. 그러다 아내와 아이들의 진심을 알아차리고 진짜 가족이 된다.

빨간 바탕에 까만 늑대가 그려진 《으르렁 아빠》의 표지는 매우 강렬하다. 게다가 아빠는 하얀 이를 모두 드러내며 으르렁거리고, 그 앞에는 작은 아이 넷이 겁에 질려 떨고 있다. 아이의 상상 속에서 '나'와 어머니 사이에 갑자기 끼어든 아버지가 아마도 이런 모습이지 않을까? 사실 아빠는 원래부터 온통 시커먼 모습으로 으르렁거리는 늑대가 아니었다. 네 발이 알록달록한 아빠 늑대는 그것을 약점으로 여기고 검은 장갑과 검은 장화 안에 숨겨 온 것이다.

하지만 그림책에서와 달리 오이디푸스 콤플렉스 시기에 놓인 아이는 스스로 아빠에게 검은 장갑을 끼우고 검은 장화를 신긴다. 아버지가 가만히 있어도 으르렁댄다고 생각하며 적의를 느끼고, 그런 아버지에게 맞서 그를 물리쳐야 한다는 생각에 빠지는 것이다. 프로이트에 따르면 이 시기의 아이는 아버지가 어머니를 빼앗아 갔다고 생각하고 아버지를 미워한다. 이때 아이가 상상하는 폭군 같은 모습의 아버지를 '상상적 아버지'라 한다.

　물론 그림책에서 아이들이 아빠의 장갑과 장화를 벗겨 내는 것처럼 이 시기의 아이도 때가 되면 스스로 아버지의 장갑과 장화를 벗긴다. 아이는 아버지와 화해하고 그동안 미워했던 마음을 의식에서 지워 버린다. 하지만 그토록 무섭던 아빠가 장화를 벗었다고 해서 아빠에 대한 두려움이 단번에 가셨을까? 그토록 미워했던 아버지를 더는 미워하지 않기로 했다고 해서 그 미움이 완전히 사라졌을까?

　아버지가 새로운 모습으로 다가오는데도 그간의 두려움과 미움을 그대로 품고 있으면 죄책감이 들 것이다. 그런 마음은 얼른 버리고 잊는 것이 상책이다. 하지만 의식 수준에서 잊혔다고 완전히 사라질 수는 없다. 문제는 그렇게 간단하지 않다. 의식에서 버린 기억은 무의식에 차곡차곡 쌓이고 그것이 나중에 증상으로 발현되기도 한다. 어쨌든 아이는 으르렁거리는 아버지를 물리치겠다는 분노를 꺾고 그림책 속 예쁜 새끼 늑대들처럼 아버지와 화해한다.

잠옷 바람에 늘 피곤해도 최고로 멋진 《우리 아빠》

이번에는 아빠가 아이에게 최고로 보이는 시기를 잘 표현한 그림책 《우리 아빠》(앤서니 브라운 지음, 공경희 옮김, 웅진주니어, 2019)를 살펴보려 한다.

아빠는 커다랗고 험상궂은 늑대도 무서워하지 않고, 달도 훌쩍 뛰어넘을 수 있고, 빨랫줄 위를 걸어 다닐 수도 있다. 거인이랑 레슬링도 할 수 있고, 달리기는 무조건 일등이다. 또 아빠는 말만큼 많이 먹고, 물고기만큼 헤엄도 잘 친다. 고릴라만큼 힘이 세고, 몸집도 집채만 하고, 춤도 멋지게 추고, 노래도 축구도 아주 잘하는 우리 아빠는 정말 최고의 아빠다.

자랑을 늘어놓는 화자의 말대로라면, 세상에 못하는 게 하나도 없는 완벽한 아빠다. 그런데 그 말이 사실일까? 어딘지 좀 이상하다. 표지를 가득 채운 아빠는 잠옷 위에 가운을 걸치고 있다. 칼라가 한쪽은 가운 안에, 다른 한쪽은 밖으로 삐죽 나와 있는 게 아무렇게나

걸쳐 입은 모양새다. 축 처진 눈과 눈가의 잔주름이 어쩐지 애잔하다. 손가락으로 양쪽 입꼬리를 잡아당겨 억지로 이를 드러낸 표정은 웃기기는커녕 오히려 슬퍼 보인다. 아빠가 화자를 웃기려고 지은 표정이라는데, 결코 웃을 수 없는 현실에서 그래도 자식을 위하는 아빠의 노력이 눈물겹다.

그림책 속 아빠는 이제 막 잠에서 깬 듯하다. 머리는 덥수룩하고 면도도 하지 않았다. 늑대를 내쫓는 손동작은 어딘지 어설프고 눈은 여전히 반쯤 감겨 있다. 아빠를 째려보며 아니꼬운 듯 쫓겨나는 늑대도 아빠를 전혀 무서워하는 것 같지 않다. 달을 뛰어넘을 때도 아빠의 눈은 감겨 있다. 꿈을 꾸는 것처럼 말이다. 게다가 거인과 레슬링을 할 때도, 세계의 마라토너들과 달리기할 때도 아빠는 줄곧 잠옷 차림이다. 그런데도 아이는 아빠가 최고라고 외친다. 하다 하다 이제는 말처럼 많이 먹고 빗자루처럼 멍하니 서 있는 아빠조차 자랑스러워한다.

그림책 속 아빠는 항상 잠옷 차림이다. 아빠를 볼 수 있는 때가 잠옷을 입고 있을 때뿐이어서 그럴 것이다. 밤늦게 들어와 피곤한 얼굴로 잠옷을 막 갈아입은 아빠, 피로가 가시기도 전에 일어나서 회사에 가야 하는 아빠, 졸음을 미처 다 털어 버리지 못해 멍한 아빠. 이것이 아이가 가장 많이 보는 아빠 모습이다. 물론 피곤하고 힘든 일상에도 최선을 다해 아이와 놀아 주는 아빠라면 충분히 자랑스러울 만하다. 그러나 막상 아빠가 아이와 놀아 주는 장면은 나오지 않는다. 그런데도 아이는 이토록 평범하고 항상 피곤하기만 한 아빠를 왜 그렇게 자랑스러워할까?

지금 아이는 실제 아빠의 이면에 있을, 자신이 생각하는 최고의 아빠를 그리고 있다. 가만히 있는 '아버지'에게 경쟁심을 불태우며 분노하던 아이는 거세 불안을 거치면서 여전히 가만히 있는 아버지를 이번에는 위대하고 자랑스러운 존재로 보기 시작한다. 이 시기의 아이는 자기 아빠가 최고이기를 바라고 최고인 아빠에게 사랑받는 것을 가장 큰 기쁨으로 느낀다. 나는 아빠를 사랑하고 아빠도 나를 언제나, 언제까지나 사랑한다는 아이의 독백에는 아빠에게 인정받고 싶다는 속마음이 담겨 있다. 아빠처럼 최고가 되어 아빠의 인정을 받으면서 '아버지의 세계'에 발을 내딛고 싶은 것이다.

아버지의 이름으로
《세상에서 제일 힘센 수탉》

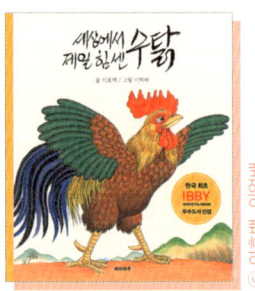

그렇다면 '아버지의 이름'은 그림책에서 어떤 모습으로 그려질까? 그림책 《세상에서 제일 힘센 수탉》(이호백 글, 이억배 그림, 재미마주, 1997)을 통해 살펴보려 한다.

어느 날 아주 튼튼한 수평아리 한 마리가 태어났다. 그는 곧 동네에서 제일 힘센 병아리가 되고 새벽마다 힘차게 우는 늠름한 수탉이 되었다. 한창때에는 힘자랑 대회에서 다른 닭들을 전부 이겨 세상에서 제일 힘센 수탉 자리에 올랐다. 한 시절 그는 동네 다른 수탉들에게 부러움을 샀으며, 젊은 암탉 사이에서 최고의 인기를 누렸다.

그러나 세월이 흘러 더 센 수탉이 나타나자, 이 수탉은 최고 자리에서 밀려난다. 나이가 들어 가면서, 그는 술을 마시며 과거의 영광을 되새기곤 한다. 세월이 더 지나고 수탉이 절망에 빠졌을 때, 아내는 그를 닮은 수많은 자식과 손주들을 보여 주면서 당신은 예나 지금이나 세상에서 제일 힘세고 행복한 수탉이라고 말해 준다.

세상에서 제일 힘센 수탉은 한때 정말 세상에서 제일 힘이 셌다. 아무도 그의 자리를 넘보지 못할 만큼. 가장 왕성한 시기를 지나 자기보다 더 힘이 센 수탉에게 최고 자리를 내주자, 그는 자신이 아무것도 아닌 것처럼 느껴진다. 그렇지만 그가 전성기에 이룬 '세상에서 제일 힘센 수탉'이라는 상징은 그 뒤 진정한 '아버지의 이름'으로 자리매김한다.

그가 술을 마시며 세월을 보내는 동안에도 수많은 힘센 아들들이, 알 잘 낳는 딸들이 세상에서 제일 힘센 수탉이라는 '아버지의 이름'

을 지표 삼아 잘 자랐다. 중요한 것은, 진짜 아버지는 최고의 자리에서 내려온 지 오래라는 것이다. 자손에게 영향을 미치고 있는 '아버지의 이름'은 이미 비어 있는 자리다.(비어 있지 않다면 그 자리는 '직접' 욕망하는 자리가 되고, 그것을 지표 삼는 주체들은 그 아래 종속될 위험에 처한다.)

그의 자식들은 아버지가 세운 이름의 상징성에 걸맞게 열심히 살았다. 또 그 아래에서 자라난 수많은 손주들도 힘세고 영특한 닭들이 되어 간다. 그림책은 마지막 수탉의 환갑잔치 장면에서 '세상에서 제일 힘센 수탉'이라는 이름 아래 확립된 그들의 세계를 명징하게 보여 준다. '세상에서 제일 힘센 수탉'이라는 하나의 가문이 생긴 것이다. 그것은 하나의 시니피앙(기표)이 되고 진짜 현실의 아버지와는 상관없이 자손들에게 내면의 법으로 작동한다. 주인공이 이미 그 자리를 내준 지 한참이 지났어도 그의 자손들은 모두 '세상에서 제일 힘센 수탉'의 자손으로서 제값을 하는 닭들로 살아가는 것이다. 《세상에서 제일 힘센 수탉》은 이처럼 '아버지의 이름'이 어떤 모습으로 구현되는지를 상징적으로 보여 준다.

시니피앙과 시니피에

언어학자 소쉬르는 언어(기호)가 '시니피앙(기표=능기)'과 '시니피에(기의=소기)'로 이루어진다고 보았다. 시니피앙은 보이는 문자 그대로의 표식을, 시니피에는 그 표식이 나타내는 의미를 가리킨다. 라캉은 이를 정신분석학에 대입하면서 시니피앙의 우위를 주장했다. 이때 시니피앙은 의미가 고정되지 않은 말로 독립적으로 존재하며, 시니피에와 일대일로 대응하는 것이 아니라 다른 시니피앙과의

> 관계 속에서만 의미가 결정된다. 라캉은 '상징계'가 언어, 즉 시니피앙의 체계로 이루어져 있다고 말한다. 자세한 내용은 3부 2장 참조.

아버지 안의 나, 내 안의 아버지
《나의 아버지》

'아버지의 이름'이 어떻게 작동하는지 잘 드러나는 그림책을 한 권 더 소개한다. 바로 《나의 아버지》(강경수 지음, 그림책공작소, 2016)다.

아빠는 못하는 게 없다. 아이는 아빠에게 많은 것을 배우게 되리라 기대하는 한편, 아빠처럼 잘할 수 있을지 걱정이 된다. 잘해 보고 싶지만 잘되지 않아 속상할 때, 성공하지 못할까 봐 불안할 때 아이는 자꾸 뒤돌아본다. 그럴 때마다 아빠는 항상 뒤를 지키며 손을 흔들어 격려를 보낸다. 어느덧 모든 것에 익숙해지고 아이는 아빠를 잊는다. 그러다 불현듯 뒤돌아보니 늙은 아버지가 거기 있다. 그리고 성인이 된 아이는 그 시절 아버지처럼 든든하게 자기 아이를 격려한다.

표지에는 자전거와 함께 서 있는 '구멍 뚫린' 아버지의 흔적이 있다. 아버지의 자리를 구멍, 흔적으로 표현한 점이 인상적이다. 마치 비어 있는 자리로서 '아버지의 이름'을 상징하는 것처럼 보이지 않는가? 폭군 아버지의 상징으로 소개한 그림책《으르렁 아빠》와 똑같이 표지의 바탕색이 강렬한 빨간색인 것도 인상적이다. 아버지의 모습 그대로 뻥 뚫린 구멍 안에는 아주 작은 아이가 보인다. 아버지 안의 나. 아이가 아버지의 법 안에서 주체로 성장하리라는 소망을 품고 있음을 이미 표지에서 엿볼 수 있다.

책장을 넘기면 선망하는 눈길로 아버지를 쳐다보는 아이가 나온다. 우리 아빠라며 소개하는 말에 자랑스러움이 가득하다. 아이에게 많은 것을 가르치는 아빠는 한 사람이 아니다. 다양한 아빠들이 다양한 아이들의 롤 모델로 등장한다. 아이들은 각각 아빠에게 온갖 것을 배운다. 아이들에게 아빠는 언제나 최고다. 넘어지고 가라앉고 실패해도 그때마다 뒤에서 지켜봐 주는 아빠를 믿고 아이들은 앞으로 나아간다. 여러 명의 아빠는 아이들에게 하나의 지표로서 '아버지의 이름'을 대리한다.

배움을 바탕으로 세상에 익숙해지면서 아이들은 어른이 된다. 다양한 주체들이 법과 언어의 테두리 안에서 저마다 욕망을 추구하는 동안 아버지는 역할을 잃고 배경으로 물러난다. 불현듯 뒤돌아보면 이미 늙어 버린 아버지가 거기 있다. 벤치에 앉아 인자하게 미소 짓는 아버지를 보며 아들은 깨닫는다. 지금 모습이 어떠하든 아버지는 '아버지의 이름'으로 언제나 존재하며, 그 이름은 자기 인생 전반에 지표로서 작용하고 있다는 것을.

어른이 된 '나'는 어느새 자기 곁에 서 있는 작은 아이를 보며 문득 깨닫는다. 이제 자기도 그 아이 뒤에 서서 자기 아버지가 그랬던 것처럼 '아버지의 이름'으로 기능하리라는 것을. 자신이 아버지가 걸어온 길을 자랑스러워하며 아버지에게서 많은 것을 배우려 했던 것처럼, 그 작은 아이가 자신을 선망의 눈길로 바라보며 닮아 가려고 애쓰게 되리라는 것을 말이다.

'아버지의 이름'은 상징적 아버지, 법으로서의 아버지, 어른으로서의 아버지, 타자로서의 아버지, 안정된 상징계의 테두리를 정의해 주는 아버지 등 다양하게 정의될 수 있다. '아버지의 이름'은 상징계를 벗어날 정도로 지나친 주이상스를 추구하도록 두지 않는다. 그렇지만 욕망을 추구하며 수많은 시련을 겪을 때, 보이지 않는 곳에서 의지가 되어 주는 것 또한 '아버지의 이름'이다.

3

말리지 마, 신나게 살 거야!

우리는 누구나 신나게 살고 싶다. 이왕이면 더 즐겁고 행복한 삶을 추구한다. 그러나 살다 보면 바람대로 신나게 살기가 쉽지 않다. 누구는 처지나 형편 때문에 발이 묶이고, 누구는 사회적 제약에 억눌려 불행을 호소하기도 한다. 그런가 하면, 아무도 강요하지 않는데도 스스로를 옥죄면서 고행하듯 사는 이도 있다.

사람마다 행복의 기준이나 역치도 다르다. 어떤 사람은 비누 하나만 새로 사도 행복해하는데, 어떤 사람은 하루에 명품 가방 몇 개를 사도 행복해지지 않는다. 그뿐인가. 똑같은 일을 겪고도 누구는 금세 훌훌 털고 일어나고 또 누구는 영영 극복하지 못한다. 어째서 사람마다 행복도 불행도 다 다르게 느끼고 받아들일까? 그것은 각자가 가진 '환상' 때문이다.

라캉이 말하는 '환상'이란 주체가 사는 방식을 근본적으로 규정하는 틀이다. 즉, 그 사람이 세계를 바라보는 창이라고 할 수 있다. 주체는 '아버지의 이름'을 받아들이면서, 그러니까 언어화되면서 포기하는 것이 생긴다. 어머니와 관련된 대상들, 미처 언어화되지 않았던 어떤 것들, 주체는 그런 것들을 상실한 채 상징계에 진입한다. 상실한 것, 어머니와 분리되며 주체에게서 떨어져 나간 것(대상 a)이 구체적으로 무엇인지 주체는 기억하지 못한다. 나에게서 무언가 떨어져 나갔고, 그래서 결여가 생겼고, 그것을 세상에서 찾아 다시 메우겠다는 소망만 남았을 뿐이다. 적극적으로 원하는 대상을 찾아 나서는 것이 욕망이라면, 구체적으로 무엇을 어떻게 찾을지에 있어서 기준으로 작용하는 것이 환상이다. 단, 환상은 무의식에서 작용한다. 이른바 무의식적 환상이다. 사람마다 생각하는 패턴이 다르므로 환상도 각각 다르다. 환상의 패턴에 따라 같은 상황에서도 다른 대처가 나오는 것이다.

반복되는 일상에서는 환상이 두드러져 보이지 않는다. 그러다가 예기치 못한 상황이 닥쳤을 때, 내가 가진 환상을 통해 나와 세상의 관계가 드러난다. 길을 걷는데 맞은편에서 누군가가 나를 보고 있다고 생각해 보자. 어떤 생각이 들까? '저렇게 계속 쳐다보다니, 오늘 내가 좀 멋진가?' 혹은 '왜 자꾸 쳐다보지? 기분 나쁘게!' 상대방은 바라보기만 했을 뿐인데, 누군가는 기뻐하고 누군가는 불쾌해하거나 두려워한다. 자기 환상대로 해석하고 행동하는 것이다.

더불어 환상은 충동의 만족인 주이상스의 형태를 규정한다. 주체가 무엇을 어느 정도까지 즐길 것인가를 환상이 결정하는 것이다. 환상이 주이상스의 형태를 어떻게 규정하느냐에 따라 주체는 아주 방탕하게 살 수도, 지나치게 금욕적인 삶을 살 수도 있다.

우리 삶에 영향을 주는 환상이란 무엇인지, 사람들은 저마다 어떤 환상을 가지고 어떻게 살아가려 하는지, 그림책을 보며 내 삶에도 투영해 보면 좋을 것이다.

너의 달 말고 나의 달을 가져다줘
《아주아주 많은 달》

그림책 《아주아주 많은 달》(제임스 서버 글, 루이스 슬로보드킨 그림, 황경주 옮김, 시공주니어, 1998)은 우리 삶에서 환상이 어떻게 작용하는지 잘 보여 준다.

옛날, 바닷가 어느 왕국에 레노어라는 어린 공주가 살았다. 어느 날 공주가 병이 들었다. 공주는 달을 가져야 나을 것 같다고 말한다. 왕은 무엇이든 구해 주는 시종장, 어떤 마법도 부릴 수 있는 궁중 마법사, 무엇이든 계산할 수 있는 궁중 수학자 등을 부르지만, 정작 문제를 해결한 것은 궁중 어릿광대였다. 광대는 공주에게 직접 물어보고, 공주가 바라는 대로 엄지손톱보다 작고 나뭇가지 꼭대기에 걸려 있으며 황금으로 만들어진 달을 구해 온다. 공주는 아주 기뻐하며 금세 병이 낫는다.

그림책《아주아주 많은 달》에 나오는 등장인물들은 모두 '달'에 대한 자신만의 환상을 가지고 있다. 시종장은 왕이 말하는 것은 무엇이든 구해 오는 사람이지만 달은 포기한다. 그가 아는 달은 5만 킬로미터 넘게 떨어진 곳에 있고 펄펄 끓는 구리로 이루어져 있다. 궁중 마법사는 왕을 위해 수많은 마법을 부려 왔지만, 그의 환상 속에서 달은 24만 킬로미터나 떨어져 있고, 궁전 두 배만 한 크기에 초록색 치즈로 되어 있어서 가져올 재간이 없다. 궁중 수학자도 마찬가지다. 그는 '위'가 얼마나 위에 있는지, '멀리'까지 가려면 얼마나 오래 걸리는지, 심지어 '사라지면' 어떻게 되는지까지 밝혀냈지만, 역시 달은 구해 오지 못한다. 그에게 달은 48만 킬로미터나 떨어져 있고, 동전처럼 둥글납작한 석면으로 되어 있으며, 크기는 나라의 절반에 달하기 때문이다.

앞에서 말했듯이 문제를 해결한 사람은 궁중 어릿광대다. 악기를 연주해 왕을 위로하는 것이 그의 일이었다. 왕이 너무 괴로운 나머지 공주에 대해 넋두리하자, 광대는 먼저 '공주가 생각하는 달'에 관해 알아보기로 한다. 환상은 사람이 사는 방식을 근본적으로 규정하는 틀, 또 그 사람이 세계를 보는 창이라고 말했다. 달을 원한 사람은 공주인데도 정작 앞의 세 사람은 공주가 생각하는 달이 어떤 것인지 관심을 두지 않았다. 자기만의 틀 안에서 달을 규정하고 달을 가져오는 것은 불가능하다고 단정 지은 것이다. 그래서는 결코 문제를 해결할 수 없다는 것을 광대는 알고 있었다.

공주가 원하는 달을 만들기 위해 광대가 세공인을 찾아갔을 때 세공인은 달이 청동으로 된 구슬과 같고 80만 킬로미터나 떨어져 있는데, 황금으로 만든 달이 어떻게 진짜 달일 수 있느냐고 반문한다. 하지만 광대는 그건 당신 생각이라며 딱 잘라 말한다. 공주의 환상 속 달은 너무 명확했고, 광대가 말한 대로 공주에게 달을 가져다주는 일은 아주 쉽게 해결된다.

그런데 왕은 다시 고민에 빠진다. 밤이 되면 달이 뜰 텐데, 그러면 공주가 자기 목에 걸린 달이 가짜라는 사실을 알아채고 다시 앓아눕지 않을까 걱정이 된 것이다. 왕은 다시 시종장, 궁중 마법사, 궁중 수학자를 불렀지만 뾰족한 수를 찾지 못한다. 까만 안경, 검정 벨벳 커튼, 정원의 불꽃놀이 등으로 공주가 달을 볼 수 없게 하자는 임시방편을 제시할 뿐이다.

어릿광대가 공주에게 갔을 때, 공주는 이미 창밖 하늘에서 빛나는 달을 보고 있었다. 절망한 어릿광대는 달이 공주님 목에 걸려 있는

데 어떻게 하늘에 달이 떠 있는지 묻는다. 그러자 공주는 이 빠진 자리에 새 이가 나지 않느냐고 대꾸한다. 너무나 명쾌한 대답! 공주의 고민을 해결하려면 공주가 세상을 바라보는 틀, 그러니까 공주의 환상을 먼저 알아야 했다. 그 점을 파악한 지혜로운 어릿광대 덕에 왕은 한시름 놓을 수 있었다.

앞서 인간에게는 다른 동물에게 없는 충동이라는 속성이 하나 더 있다고 말했다. 충동은 궁극적으로 주이상스를 맛보려 한다. 인간을 미치도록 신나게 만들 수 있는 것이 바로 충동이다. 하지만 세상과의 관계를 거스르지 않고 신나게 살기란 생각보다 만만치 않다. 우리를 신나게 하는 충동은 세상의 법과 사이좋게 공존하기 어려운 속성을 가졌기 때문이다.

그렇다고 충동을 완전히 억압할 수는 없다. 그러면 삶이 너무 지루하고 무의미해진다. 세상 안에서 넘치지 않게, 그러면서도 유의미하고 신나게 사는 방법이 있을까? 다행히 있다. 사실 우리는 본래 어느 정도는 그렇게 살고 있다! 바로 '승화'를 통해서 말이다. 충동 본연의 기능을 유지하면서도 법의 테두리를 벗어나지 않는 유일한 방법, 그것이 바로 승화다.

승화는 '리비도'라고 하는 성적인 충동 에너지를 성적이지 않은 대상에 투자하는 방식이다. 자칫 폭력이나 여타 범죄 행위로 발산될지 모를 충동 에너지를 소설 쓰기나 스포츠 경기에 쓴다면, 이것이 바로 충동을 승화한 것이다. 승화와 가장 가까운 삶을 사는 사람들이 아마도 예술가일 것이다. 정신분석학에서 볼 때, 인간이 창조한 예술 작품은 충동 에너지가 상징계의 테두리 안에서 활발하게 활동한 결과로 탄생한다. 결과물인 작품은 숭고하지만, 창작을 추동하는 에너지는 성적인 충동 에너지이기 때문이다.

충동은 승화된다고 해도 속성을 완전히 버리지는 못한다. 충동의 속성 중에는 시작하면 절대 멈추지 않으려는 항구성이 있다. 따라서 승화된 충동도 절대 다다를 수 없는 완전한 만족을 추구하기 위해 멈추지 않는다. 지칠 줄 모르는 열정으로 창작에 일생을 바친 수많은 예술가를 보라. 그들이 멈추지 않고 작업에 매진할 수 있었던 것은 한번 시작되면 멈추지 않는 충동 에너지를 근본 동력으로 하기 때문이다.

라캉에 따르면, 승화는 평범한 대상에 '물'의 품격을 부여한다. 승화를 통해 만들어진 예술 작품은 그 자체로 존재하는 가치와 품격을 지닌 숭고한 지위를 얻는다는 것이다. 승화의 결과물로서 예술 작품은 관객을 압도하고 경탄을 끌어낸다. 또한, 작가가 작품을 완성할 때까지 멈추지 않고 추동한 욕망과 열정을 관객도 똑같이 경험하게 해 준다.

리비도

성 충동 또는 성 충동의 에너지를 말한다. 프로이트는 대상과의 결합을 추구하는 충동이라는 점에서 성 충동을 삶을 지향하는 충동으로 보았다. 따라서 리비도는 삶의 충동의 에너지라고 할 수 있다. 누구를 사랑하고 욕망하려면 그 대상에 리비도를 투자해야 한다. 주체의 리비도가 대상에 투자되었을 때 비로소 주체가 그 대상을 사랑하게 된다.

물(物, das Ding)

어머니와 분리되면서 잃어버린 대상을 가리키는 용어. 라캉이 《세미나 7》에서 주로 사용했으며, 1963년 이후 언급하기 시작한 '대상 a'와 비슷한 개념이다.

희생으로 얻은 궁극의 만족
《강아지똥》

© 권정생, 정승각

《강아지똥》(권정생 글, 정승각 그림, 길벗어린이, 1996)은 우리 창작 그림책 최초로 100만 부 넘게 팔렸고, 지금도 꾸준히 사랑받는 그림책이다. 작품이 나오기까지 작가가 품었던 욕망, 열정과 진정성이 고스란히 느껴지기에 독자들은 이 책을 읽고 감동을 얻는다. 작품을 쓰는 내내 작가가 생각한 삶의 모습은 어떤 것이었을까?

《강아지똥》은 정체성을 찾는 과정을 다룬 이야기로 먼저 읽힌다. 돌이네 흰둥이가 골목길 담 밑에 싸 놓은 강아지똥이 주인공이다. 참새가 자기를 콕콕 쪼더니 더럽다며 날아가 버리자, 똥은 자존감이 한없이 떨어진다. 근처에 있던 흙덩어리마저 똥 중에서도 가장 더러운 개똥이라며 놀린다. 흙덩어리는 자기와 비슷한 처지일 줄 알았는데, 소달구지가 돌아와 흙을 소중하게 싣고 가 버린다.

모두가 피해 가는 강아지똥은 자신이 아무짝에도 쓸모없다는 생각에 어떻게 살아야 할지 고민하지만 뾰족한 수가 없다. 어느새 봄비가 내리고 파란 민들레 싹이 돋아나자 똥은 드디어 자기가 할 일을 자각한다. 바로 민들레의 거름이 되어 한 송이 아름다운 꽃을 피워 내는 일이다. 그리고 똥은 기꺼이 그렇게 한다.

그림책 《강아지똥》을 인간 삶의 은유로 볼 때 똥의 충동은 무엇일까? 충동의 목적은 '기분 좋음'이다. 자기를 해칠 수도 있는 '위험한' 기분 좋음, 즉 주이상스를 향해 항구적으로 질주하는 것이다. 강아지똥은 무엇인가가 되고 싶다. 무엇인가 되기를 끊임없이 갈망하는 것이 근원적인 충동의 힘이다.

강아지똥은 자신을 쓸모없다고 여기는 것을 견디지 못한다. 자기가 어딘가에 꼭 필요한 존재일 것이라는 믿음, 이상적 자기애가 강하다. 그렇기에 더러운 똥인 자신이 어떻게 하면 착하게 살 수 있을지 고민하는 것이다. 강아지똥은 착하게 사는 게 어떤 것인지 모르면서도 어쨌든 그 방향으로 움직인다. '착함'이라는 자기 이상의 기준으로 충동 에너지를 투자할 대상을 찾는 것이다.

강아지똥이 원하는 것은 직접적인 충동의 만족이 아니다. 에너지를 쏟은 대상이 자신의 바람인 '착한 삶'을 완성할 수 있도록 도와주기만 하면 되는 것이다. 다시 말해 강아지똥은 충동의 승화된 만족을 원한다.

승화가 일어나려면, 자아는 사랑하는 대상에게 투자한 에너지, 리비도를 철회해야 한다. 리비도가 자신에게 돌아오면 성적이지 않은 (예컨대 예술 작품 같은) 새로운 목표를 지정해 준다. 그렇게 되면 직접적인 만족을 추구하려던 충동의 최종 목표가 승화된 예술적 만족, 즉 예술 작품의 창조를 통한 만족으로 바뀐다.

이때 승화된 만족을 가져다줄 수 있는 대상은 사회적 이상과 부합되어야 한다. 상징계 질서와 동떨어진 것은 승화의 대상이 될 수 없다는 말이다. 더불어 예술가도 성숙한 '자아 이상'을 가지고 있어야 한다. 선택한 대상을 통해 승화된 만족을 얻으려면 직접적인 만족을 추구할 때와는 다른 방향으로 안내할 자아 이상이 필요하기 때문이다.

강아지똥의 승화 과정은 어땠을까? 고민하던 강아지똥이 찾아낸 대상은 민들레다. 그는 자기를 던져 민들레의 거름이 된다. 주이상스를 추구하는 길에서 자신을 희생하기로 한 것이다. '착하게 살겠다'는 바람이 그를 승화로 이끌었다. '착하게 산다'는 명제는 그의 자아 이상이다. 강아지똥의 이상이 사회적 이상에 부합하는 지점이다. 결국, 강아지똥은 자기 생명을 던져 진정한 주이상스를 얻었다고 볼 수 있다. 작가에게 진짜 신나는 삶은 '희생'이었던 것이다.

앞서 승화는 평범한 대상에게 '물'의 품격을 지니게 한다고 말했다. 강아지똥이 목숨을 던져 피워 낸 그 민들레꽃은 여느 꽃과는 다르다. 승화를 통해 강아지똥의 소중한 '물'로서 숭고한 지위를 얻었기 때문이다. 뿐만 아니라, 민들레꽃은 그림책《강아지똥》을 통해 독자에게도 '물'의 지위를 갖는다. 독자들이 이 그림책을 보며 감동하는 이유가 여기에 있다. 강아지똥의 희생으로 태어난 민들레꽃이 숭고해 보이는 것이다. 또한, 독자는 민들레꽃이 피기까지 강아지똥이 느꼈을 고뇌와 '무엇'을 이루고자 하는 작가의 열정을 같이 느끼게 된다. 이것이 바로 승화다.

자아 이상

상징계에서 주체의 삶을 좌우할 수 있는 길잡이가 되는 시니피앙이다. 오이디푸스 콤플렉스 시기를 지나면서 아버지와의 동일시를 통해 형성된다.

테두리 안에서 허기진 충동 채우기
《책 먹는 여우》

이번에는 그림책만큼이나 그림이 많은 동화책 《책 먹는 여우》(프란치스카 비어만 지음, 김경연 옮김, 주니어김영사, 2001)를 함께 읽어 보자.

여우 아저씨는 책을 좋아한다. 읽는 것만 좋아하는 게 아니라, 읽고 나면 소금과 후추를 뿌려서 맛있게 먹어 치운다. 그런데 그는 가난해서 책을 마음껏 살 수 없다. 가진 물건을 모두 팔아서 책을 사 먹었지만, 굶주림을 피할 수 없었다.

그러던 어느 날 여우 아저씨는 도서관을 발견한다. 그곳에서 책을 실컷 읽고 실컷 먹다가 곧 사서에게 들켜 쫓겨난다. 여우 아저씨는 결국 책방에 들어가 책을 몽땅 훔치고는 감옥에 간다. 감옥에서 책을 구할 수 없어 괴로워하던 아저씨는 꾀를 내어 교도관에게서 종이와 펜을 구한다. 스스로 책을 쓰기로 한 것이다. 여우 아저씨가 쓴 책을 읽어 본 교도관이 그 책을 출판해서 그야말로 대박이 난다. 교도관은 출판사를 차리고, 여우 아저씨는 석방된 뒤에 유명한 작가가 된다.

아무리 책 읽기를 좋아한다고 해도 책을 훔치는 행위는 범죄다. 법의 세계, 상징계에서는 용납할 수 없는 일이다. 여우 아저씨는 책을 읽고 그것을 먹는 데서 큰 즐거움을 느낀다. 즐거움을 얻기 위해 범죄까지 저지르는 여우 아저씨의 행동은 상징계를 넘어 '실재'의 주이상스를 맛보려는 충동의 발현으로 볼 수 있다. 법을 어김으로써 자신이 위험에 빠질 수 있는데도 그 즐거움을 포기하지 못하는 것을 보면 말이다.

여우 아저씨가 추구하는 주이상스에는 생존이 걸려 있다. 반드시 읽어야 하고, 그 책을 반드시 먹어야만 허기가 채워진다. 감옥에서 주는 물과 빵으로는 도저히 채워지지 않는다. 그것은 본능적인 배고품과는 다른, 주이상스와 연결된 충동의 차원에서 빚어진 허기다.

여우 아저씨는 그대로 죽거나 탈옥이라는 더욱 강력한, 상징계를 넘어서는 일탈을 감행할 수도 있었다. 그러나 그는 그렇게 하지 않고 법의 테두리 안에서 꾀를 낸다. 여우 아저씨의 '자아 이상'이 개입한 것이다. 여우 아저씨는 종이와 펜을 구해 직접 글을 써서 책을 만들기로 결심한다. 여우 아저씨는 그간 읽은 책에서 얻은 지식을 총동원하고 자신의 예술가적 나르시시즘을 유감없이 발휘하여 아주 재미있는 책을 써낸다.

여우 아저씨의 자아는 단순히 도둑이나 탈옥수에서 끝날 수 없는 높은 자아 이상을 지녔으며, 그렇게 해서 탄생한 책은 상징계 내의 사회적 이상과도 맞아떨어진다. 이제 아저씨는 법의 테두리 안에서 마음껏 책을 쓰고, 읽고, 먹으며 큰 즐거움을 누린다. 보이지 않는 충동의 허기를 메우면서 말이다.

충동 에너지는 항구적인 생명력을 지닌다. 그러니까 여우 아저씨는 아무리 많이 쓰고 아무리 많이 먹어도 완전한 만족을 느낄 수 없다. 여우 아저씨는 아마 오늘도 열심히 글을 쓰고, 그렇게 만든 책을 열심히 먹고 있을 것이다. 승화된 충동이라도 항구성이라는 속성은 버릴 수 없으니 말이다.

3부

무의식,
너란 녀석

내가 생각하지 않을 때 '나'는 존재하지 않는 걸까?
그럴 때 '나'의 존재는 어디에 있을까?
라캉은 데카르트의 명제를 수정한다.
"나는 생각하지 않는 곳에 존재한다."라고.

"나는 생각한다, 고로 존재한다." 이 말은 인간의 존재를 선언하는 데카르트의 유명한 명제다. 내가 '생각'을 하는 순간에 나는 언제나 존재한다. 그렇다면 내가 생각하지 않을 때, 예를 들어 잠들었을 때 '나'는 존재하지 않는 걸까? 그럴 리는 없다. 잠에서 깨어나면 우리는 또 생각하는 '존재'이지 않은가. 그럴 때 '나'의 존재는 어디에 있을까? 생각이 여기에 미치면 '생각하는 나, 즉 의식 수준의 자아가 나라는 존재를 완벽하게 대변할 수 있는가?' 하는 의구심을 떨칠 수 없다.

라캉은 그래서 데카르트의 명제를 수정한다. "나는 생각하지 않는 곳에 존재한다."라고. 생각하지 않는 곳, 즉 자아의 '생각'이 미치지 못하는 곳은 바로 인간의 '무의식'이다. 라캉은 인간을 오롯이 하나의 존재로 증명할 수 있는 진정한 주체가 무의식에 있다고 말하는 것이다. 무슨 말이지? 나는 늘 의식적으로 행동하며 살고 있는데? 내 존재와 무의식이 무슨 상관이람? 그런 의구심이 들 수 있다.

그런데 우리는 내 것이지만 내 마음대로 안 되는 게 인생이라는 걸 숱하게 실감하며 산다. 아무리 열심히 일해도 뭐 하나 뜻대로 되는 게 없다고 투덜대는 사람도 있고, 자기는 아무 걱정 없는데 왜 밤마다 악몽에 시달리는지 모르겠다고 하소연하는 사람도 있다. 평생 술주정하는 아버지를 미워하며 살았는데, 어느새 자신이 알코올 의존증 치료를 받고 있노라고 고백하는 사람도 있고 말이다. 이는 우리 안에 자아의 의지를 넘어서는 무엇, 자아의 통제를 벗어나는 영역인 '무의식'이 있기 때문에 생기는 일이다.

무의식은 우리가 생각하는 것보다 밀접하게 우리 삶에 영향을 미친다. 행복해지려고 평생 노력했는데 불행의 밑바닥에서 발견되는 무의식의 반전! 우리는 왜 사랑하면서도 오해하게 될까? 우리는 어떨 때 두려움을 느낄까? 대수롭지 않은 말 한마디 때문에 한 사람의 인생이 소용돌이치는 경우는 과연 영화에나 존재할까? 3부 '무의식, 너란 녀석'에서는 무의식이 우리 삶에 끼치는 영향을 좀 더 깊이 고찰해 보려 한다.

1

내 안에 똬리 튼
넌 누구냐?

우리는 일상생활에서 '무의식'이라는 말을 많이 사용한다. "무의식적으로 한 말이야. 신경 쓰지 마." 혹은 "무의식적으로 한 행동이었어. 미안해."라고 할 때, '무의식'은 내 행동에 책임을 지기 어렵거나 상대방에게 자신의 행동을 상식적으로 설명하기 힘들어서 튀어나오는 말이다. 그렇다면 무의식이란 무엇이고 어떻게 생기는 걸까? 또 우리 삶은 왜 무의식에서 자유롭지 못할까?

무의식은 의식에서 억압되거나 사라진 말들의 집합소다. 언어를 사용하다 보면 필연적으로 의식에서 배제되는 말(시니피앙)이 생겨나며 그것들은 무의식이라는 저장고에 모인다. 자아가 의식에서 잊고 싶은 시니피앙을 지우는 과정을 억압(사실은 배제)이라고 하는데, 무의식은 이렇게 억압된 시니피앙들로 구성된다. 이 또한 말이기 때문에 무의식에서도 언어의 법칙을 따르며 주체의 무의식적 지식이 된다. 그래서 라캉은 무의식이 언어처럼 구조화되어 있다고 했다.

또한, 무의식은 경험하기도 전에 금지된 어떤 것이기도 하다. 남근기에 형성되는 성 충동과 그에 따른 주이상스는 오이디푸스 콤플렉스와 거세 불안을 거치면서 겪어 보기도 전에 금지되어 원천적으로 억압된다. 프로이트는 '이드', 라캉은 '실재'라 지칭한 이것은 무의식의 핵을 이룬다. 실재는 표상 불가능한, 언어로 표현되지 못하는 불가능성으로 존재한다.

무의식은 우리가 언어를 사용하기 때문에 생긴다. 앞서 말했듯이 언어를 사용하면서 배제되는 부분이 무의식을 형성한다. 언어는 우리가 태어나기 이전부터 존재한 견고한 시스템이다. 인간은 언어의 법칙과 틀에 맞춰 자신의 감정과 생각을 표현한다. 욕망 또한 그 틀 안에서 추구할 수밖에 없다. 그러다 보면 필연적으로 틀에 맞지 않는 부분이 생기는데, 그런 것들은 소외되고 억압되어 무의식이 된다.

내 삶이 언어 시스템 안에서 작동된다는 것은 내 생각과 행동이 늘 타자의 영향을 받게 된다는 뜻이다. 언어로 타자와 소통하며 이를 바탕으로 관계를 형성하기 때문이다. 그러다 보니 내 의식에서 억압된 시니피앙에도 타자의 욕망, 타자의 말이 들어 있을 수밖에 없다. 이를 두고 라캉은 무의식은 '타자의 담론'이라고 표현한 바 있다.

"그런 것도 못 하냐?", "도대체 할 줄 아는 게 뭐냐?", "관둬라, 네가 뭘 할 수 있겠어?" 등 어른들이 별생각 없이 던진 말에 아이들은 상처받곤 한다. 이런 말은 시간이 지나면서 의식에서는 잊혀도 무의식에 남는다. 그리고 중요한 시도를 할 때마다 방해물로 작용하여 주체를 실패로 이끌기도 한다. 무의식은 이처럼 생각지 못한 순간에 우리 삶에 불쑥 끼어들어 인생을 흔들어 놓곤 한다.

딸깍, 무의식의 세계에 불 켜기 《그림자놀이》

무의식의 세계를 잘 보여 주는 그림책으로 《그림자놀이》(이수지 지음, 비룡소, 2010)가 있다.

주인공 아이가 창고에 들어와 불을 켠다. 벽에 매달린 자전거, 쓰지 않는 청소기, 스케이트보드, 양동이에 담긴 청소 도구, 사다리, 망치, 호스, 망가진 군화와 상자 등 온갖 잡동사니가 불빛을 받아 그 아래로 그림자를 드리운다. 엄마가 부를 때까지 아이는 손 모양으로, 낡은 군화로, 그림자를 만들며 신나게 놀이를 즐긴다. 그런데 아이가 떠나고 불 꺼진 창고에 다시 은밀하게 불이 켜진다. 이번엔 그림자들끼리 신나는 놀이를 시작한다.

창고는 사다리, 낡은 군화, 자전거, 청소기, 빗자루 등 아이가 익히 알고 있는 시니피앙으로 가득 차 있다. 눈치챘겠지만 그림책《그림자놀이》의 제본 선 아래 공간은 무의식을 나타낸다. 무의식에도 같은 시니피앙들이 들어 있다. '무의식은 타자의 담론'이라는 말 그대로 아이의 의식과 무의식은 타자의 시니피앙들로 가득하다.

무의식은 아이의 행동과 말(이 그림책에서는 말을 하지 않지만)에 따라 달라진다. 아이는 먼저 날아오르는 몸짓을 한다. 그다음엔 손으로 모양을 만든다. 무의식의 장에서 그것은 새가 된다. 아이가 새를 생각했기 때문일 것이다. 그때 무의식의 다른 모습들도 조금씩 변한다. 우선 빗자루와 먼지떨이가 꽃으로 변한다.

아이는 새를 날려 보낸다. 그다음에 아이가 만들어 낸 것은 여우다. 낡은 군화를 들고 펄쩍 뛰어오르니 여우가 나타난다. 이제 아이의 무의식에서 사다리는 무성한 나무숲으로, 고무호스는 뱀으로, 전기톱은 악어로 변한다. 아이가 한입 베어 문 사과를 머리에 올리자 무의식에서는 왕관 쓴 공주가 나타난다. 자전거는 분해되어 검은 해와 달이 되고 상자와 청소기는 코끼리가 된다. 무의식은 그렇게 풍성해진다. 현실에서는 상자와 아이, 청소기를 제외한 모든 시니피앙이 사라진다.

한데 엉킨 욕망이 의식으로 튀어 오르다

그런데 무의식에서 여우가 새를 공격하기 시작한다. 새는 견디지 못하고 현실(의식)로 날아오른다. 아이는 이 사실을 눈치채지 못한 채 놀이에 열중하고 있다. 무의식은 더욱 우거지고 온갖 동물이 빽빽이 자리한다. 의식으로 피한 새를 잡으러 여우도 의식에 모습을 드러낸다. 아이는 깜짝 놀라고 아이의 무의식도 혼란스럽다. 우거진 숲에서 서로 어울리던 시니피앙들의 연결이 끊기면서 아이와 동물들이 제각각 나뒹군다.

새가 다시 무의식으로 날아갈 때 현실의 아이는 새의 날개를 잡고 따라 들어간다. 그곳에서 아이는 공주 모습을 한 무의식의 주체와 마주친다. 그런데 무의식의 주체는 여우와 대응하는 장소에 서 있다. 그러니까 무의식의 주체가 여우를 의식으로 튀어 오르게 한 것이다.

새도 여우도 아이가 만들어 낸 무의식이다. 아이는 자기가 속한 언어의 세계에서 자기가 알고 있는 지식과 생각을 토대로 자기가 원하는 바를 만들어 냈다. 새는 좀 더 자유로워지고 싶은 아이의 소망이 담긴 시니피앙일 테고, 새를 공격하는 것을 보면 여우는 아이를 감시하고 억압하는 엄마의 욕망(훌륭한 사람이 되려면 꼭 필요하다고 여겨지는 감시와 억압을 담은), 그러니까 아이의 내면에 자리 잡은 타자의 욕망이 반영된 시니피앙일 것이다.

무의식에서 여우에게 쫓기던 새가 갑자기 의식으로 튀어 오른다. 숲이 우거진 무의식이 숨기에 더 적당할 것 같은데 말이다. 그것은 단순히 여우를 피하기 위해서만이 아니라, 자유를 갈망하는 아이의 억눌린 소망이 실현되기 위해 의식으로 떠오른 것이다. 그런데 뒤이어 여우도 의식에 등장하여 새뿐만 아니라 아이까지 위협한다. 엄마의 욕망이 반영된 시니피앙인 여우는 아이가 추구하는 자유가 한계를 넘지 않도록 감시하고 제어하는 역할을 맡은 것이다.

이처럼 아이의 무의식에는 나의 소망과 타자의 욕망을 상징하는 시니피앙들이 공존한다. 여기서 여우는 새를 억압하려는 자아가 아니다. 새와 함께 억압되었던 아이의 또 다른 무의식이다. 새를 잡으려는 여우에게 맞서기 위해 아이의 무의식은 똘똘 뭉쳐 아주 커다란 동물이 된다. 그러자 여우는 울음을 터뜨린다. 그것도 의식의 영역에서 말이다. 그 모습에 커다란 괴물은 또다시 낱낱의 시니피앙들로 해체된다.

나의 무의식은 온전히 내 것일까?

우리는 언어 체계 안에서 생활하고, 억압된 시니피앙은 무의식으로 모인다. 따라서 인간은 필연적으로 분열될 수밖에 없다. 상징계의 법 안에서 욕망하는 주체와 소외된 무의식의 주체로 말이다. 그래서 인간은 분열된 주체이고, 빗금 친 주체($)다.

그림책 속 아이도 둘로 분열되어 있다. 의식의 영역에 존재하는 아이와 무의식의 영역에 존재하는 아이. 새와 여우는 아이의 무의식이 만들어 낸 욕망의 시니피앙들로, 의식의 영역에 있는 아이는 둘 다에 손을 내민다.

자유롭고 싶은 아이의 소망을 품은 새는 여우의 위협에도 용감하게 의식으로 날아오르고, 의식의 주체는 여러 동물과 더불어 여우와 여우를 탄생시킨 무의식의 주체에게 손을 내민다. 이들은 모두 하나가 되어 신나게 어울린다. 말하자면 아이는 자유를 소망하지만, 그것을 통제하려는 엄마의 욕망(타자의 욕망)도 함께 받아들인 것이다. 흔히 '나'의 무의식은 온전히 내 것이라고 믿기 쉽다. 그러나 사실 우리의 무의식은 이처럼 타자의 목소리, 타자의 담론, 타자의 욕망으로 구성되어 있다.

갑자기 저녁 먹자는 목소리가 들린다. 그것은 실재의 영역에서 들려오는 소리다. 아이가 이 목소리를 인식하는 순간 모든 것이 갑자기 현실로 돌아온다. 아이가 신나게 뛰어노는 바람에 처음보다 훨씬 엉망진창이 된 '창고'라는 공간으로 말이다. 마음껏 신나게 놀던 아이는 행복한 표정으로 불을 끈다.

불이 꺼진 창고는 깜깜하다. 위도 아래도. 그런데 아이가 나간 후 아래에서, 그러니까 무의식에서 '딸깍' 하고 다시 불이 켜진다. 의식은 여전히 깜깜한데 무의식에서는 다시 놀이가 시작된다. 의식이 잠들어도, 의식이 다른 일에 정신을 빼앗겨도, 무의식은 그와 상관없이 진행된다는 신호일 것이다.

무의식의 바다에서 만난 괴물 나라
《괴물들이 사는 나라》

모리스 센닥의 대표작이라 할 수 있는 《괴물들이 사는 나라》(모리스 샌닥 지음, 강무홍 옮김, 시공주니어, 2002)도 무의식의 세계가 잘 표현된 그림책이다.

맥스는 '늑대 옷'을 입고 장난치다가 엄마한테 혼난다. 엄마는 괴물딱지라며 소리치고, 맥스는 엄마를 잡아먹을 거라고 소리친다. 엄마는 저녁밥도 안 주고 맥스를 방에 가둬 버린다. 그 방은 어느새 풀이 자라고 무성한 정글이 되더니 세상 전체로 변한다. 맥스는 넓은 바다로 나가 일 년쯤 항해한 끝에 괴물 나라에 도착한다. 그리고 아주 무서운 괴물들의 왕이 되어 신나게 놀다가 시간을 거슬러 제 방으로 돌아온다. 따뜻한 저녁밥이 기다리는 그 방으로 말이다.

맥스가 늑대 옷을 입고서 하는 장난은 엄마의 욕망에 반하는 행동이다. 벽에 못을 박거나 애꿎은 강아지를 괴롭히거나. 참다못한 엄마가 맥스를 '괴물딱지'라고 부른다. 그 말에 화가 난 맥스는 엄마를 잡아먹겠다고 맞선다. 엄마가 맥스를 '괴물'이라는 시니피앙으로 규정하니 맥스가 괴물이 될 수밖에 없는 것이다.

현실에서는 사람인 맥스가 괴물이 될 수 없다. 상징계의 법적 질서 아래에 놓인 사람이 '괴물'의 행태를 보이면 안 되기 때문이다. 그런 이유로 맥스가 상징계에서 자기 자리를 유지하며 살아가려면 '괴물'이라는 시니피앙을 억압하지 않으면 안 된다. 결국, 자아로부터 억압당한 '괴물'은 무의식으로 밀려날 수밖에 없다. 그런데 '괴물' 역시 엄마에게서 받은 시니피앙이다. 맥스가 그 말에 동의하든 반발하든 '괴물'이 타자의 언어이자 담론이라는 점에는 변함이 없다.

그러다 엄마가 맥스를 방에 가둬 버린다. 방에는 오롯이 맥스 혼자 남는다. 혼자가 된 맥스는 굳이 상징계의 질서를 지킬 이유가 없다. 방 안에 점점 나무와 풀이 자라 울창한 숲을 이루고 하나의 세계가 완성된다. 화가 난 맥스는 상징계의 법을 준수할 만큼 자아가 굳건하지 않고, 의식에 틈이 생긴 상태다. 이제 맥스가 무의식을 대면할 준비가 된 것이다. 맥스는 배를 타고 넓은 바다로 나아가 무려 일 년이나 항해한 끝에 괴물 나라에 도착한다. 바로 맥스의 무의식, 의식에서 밀려난 '괴물'이라는 시니피앙이 존재하는 세계다.

맥스의 무의식에는 무서운 소리로 으르렁대고, 뾰족한 이빨을 부드득 갈고, 커다란 눈알을 뒤룩대고, 날카로운 발톱을 세우는 엄청난 괴물들이 가득하다. 맥스가 조용히 하라고 명령하자 그들은 꼼짝도 못 한다. 맥스 자신의 무의식에 존재하는 시니피앙들이기 때문이다. 맥스는 조금도 망설이지 않고 무시무시한 괴물들을 단번에 제압한다. 그들은 맥스의 존재를 위협할 수 있는 실재의 민낯이 아니라 억압된 시니피앙에 불과하다. 그러니 이미 언어적 존재인 맥스는 언어로써 그들을 충분히 제압할 수 있었다.

무의식의 축제를 끝내고 의식의 집으로

맥스는 괴물들의 왕이 되어 그들과 함께 마음껏 소동을 벌인다. 처음에 화난 듯 보이던 괴물들은 맥스와 함께 신나는 춤판을 벌이면서 차츰 표정이 부드러워진다. 맥스와 괴물들의 놀이 장면은 글 없이 연달아 세 바닥을 가득 채우고 있다. 괴물들은 날카로운 이빨과 발톱에 어울리지 않게 호기심 많은 눈으로 달을 쳐다보고 맥스와 함께 더없이 행복한 표정을 짓는다. 맥스의 의식이 억압된 무의식의 시니피앙과 정면으로 마주하고 축제의 장을 통해 충동을 승화시킴으로써 무의식에 쌓였던 불쾌의 에너지를 단번에 해소한 것이다. 실컷 놀고 난 맥스는 괴물들을 저녁도 안 먹이고 잠자리로 쫓아 버린다. 그래도 괴물들은 한바탕 신나게 놀며 에너지를 마음껏 발산해서

인지 험상궂은 표정을 풀고 흡족한 얼굴로 잠든다.

놀이를 끝내고 나서 맥스가 한 행동은 주목할 만하다. 자기가 가장 믿을 수 있는 존재인 엄마가 저녁밥을 주지 않고 방문을 닫아 버린 것처럼, 맥스는 자신만을 바라보는 괴물들을 밥도 주지 않고 쫓아 버린다. '밥을 주지 않는다'는 엄마의 시니피앙이 맥스의 무의식에 그대로 남아 맥스에게서 그대로 반복되는 것이다.

말의 힘은 생각보다 크다. 그 말이 무의식에 구조적으로 새겨진 경우에는 더욱 그렇다. "제대로 하는 게 하나도 없어!"라는 말을 들은 아이는 정말 제대로 하는 게 하나도 없는 사람이 될 수도 있다. 또한 그도 똑같이, 제대로 하는 게 하나도 없다며 자기 아이를 힐난할 수 있다.

한바탕 소동이 지나간 뒤에, 그러니까 자신의 괴물들을 충분히 달래 주고 난 뒤에 맥스는 갑자기 마음이 쓸쓸해진다. 사랑하는 엄마가 보고 싶어진 것이다. 그때 머나먼 세계 저편에서 맛있는 저녁밥

냄새가 풍겨 온다. 저녁밥은 엄마의 상징이다. 고픈 배를 채워 줄 뿐 아니라, 아낌없이 주는 엄마의 무한한 사랑을 담고 있다. 맥스는 아무 미련 없이 괴물 나라 왕 노릇을 그만두고 자기 방으로 돌아가기로 한다.

그곳에는 여전히 지켜야 할 법이 있고 그래서 또다시 부딪치겠지만, 맥스는 사랑하는 사람들과 맛있는 밥을 끝까지 외면하며 살 수는 없다는 걸 알게 되었다. 괴물들은 맥스를 보내지 않으려고 으르렁대기도 하고 무서운 발톱을 세워 가며 위협하지만, 맥스는 재빨리 배에 올라타 작별 인사를 한다. 다시 방으로 돌아온 맥스는 아주 만족스러운 표정을 짓고 있다.

예상대로 방에는 저녁밥이 기다리고 있다. 엄마는 저녁밥도 주지 않고 맥스를 방에 가두었지만, 곧 마음을 풀고 사랑이 담긴 따뜻한 밥을 가져다 놓았다. 하지만 기억해야 할 점은, 얌전해졌을망정 맥스의 무의식에는 여전히 괴물들이 남아 있다는 사실이다.

무의식은 의식에서 잊힌 기억이라는데, 그렇다면 내 안에 무의식이 존재한다는 것을 우리는 어떻게 알 수 있을까?

현실에서 어떤 일이 벌어지고 그 때문에 특정 시니피앙을 수용하기 어려워지면, 자아는 검열을 통해 그 시니피앙을 무의식의 영역으로 밀어낸다. 이것이 억압이다. 주체의 억압된 무의식은 기회만 있으면 의식의 틈을 비집고 들어와 자신의 존재를 알리고 싶어 한다. 그러나 자아는 한번 억압한 시니피앙을 절대 들여보내지 않는다. 의식으로 통하는 문은 언제나 굳건히 잠겨 있다. 그래도 억압된 시니피앙은 포기하지 않는다. 변장을 하고 문지기를 속여서라도 문을 통과하고야 만다.

자아는 문을 걸어 잠글 수는 있지만, 무의식의 내부에서 무슨 일이 일어나는지 알 수 없다. 억압된 시니피앙들은 의식의 문을 통과하기 위해 그때그때 다른 시니피앙으로 변장한다. 부분적으로 관련된 다른 시니피앙으로 모습을 바꾸는 것이다. 이처럼 억압된 시니피앙이 변장을 하고 나타나면, 자아는 그것이 사실은 억압된 시니피앙이라는 것을 눈치채지 못한 채 문을 열어 주고 만다. 이로써 억압된 것들의 회귀가 실현된다.

이렇게 회귀한 시니피앙을 '무의식의 형성물'이라고 한다. 무의식의 형성물에는 꿈, 증상, 농담, 말실수 따위가 있다. 우리는 이것들을 통해서만 무의식을 접할 수 있을 뿐, 직접 포착할 수는 없다. 심지어 포착된 무의식은 그 순간 이미 무의식이 아니게 된다. 포착했다는 것은 자아가 인지했다는 뜻이므로, 그것은 무의식이 아니라 의식이다.

나의 존재를 인정해 줘
《용 같은 건 없어》

무의식의 형성물을 상징적으로 보여 주는 그림책《용 같은 건 없어》(잭 켄트 지음, 노경실 옮김, 교학사, 2004)를 살펴보자.

어느 날 잠에서 깬 빌리는 방 안에 있는 새끼 고양이만 한 용을 보고 깜짝 놀란다. 그런데 엄마는 용 같은 건 없다고 딱 잘라 말한다. 빌리와 엄마가 용을 외면하는 동안 용은 자꾸자꾸 커진다. 집 안을 가득 채우고 머리와 꼬리가 밖으로 삐져나올 만큼 커져 버린다.

배가 고파진 용이 빌리네 집을 등에 업고 빵 트럭을 쫓아 달리는 바람에 아빠는 집을 찾아 헤맨다. 어떻게 된 일이냐고 아빠가 묻자, 엄마는 또다시 용을 부인하려고 한다. 그때 빌리가 엄마 말을 가로채며 용이 있다고 선언해 버린다. 그 순간 용은 빠른 속도로 작아져서 다시 고양이만 해진다.

그림책에서 용은 가면을 쓴 억압된 시니피앙으로 볼 수 있다. 어떤 이유로든 억압된 빌리의 시니피앙, 아주 큰 욕망일 수도 있고 일상에서 금지된 하찮은 무엇일 수도 있는 시니피앙이 용으로 모습을 바꿔 빌리의 의식에 나타난 것이다. 모습이 바뀌었기 때문에 빌리조차도 용이 왜 나타났는지, 용의 존재가 어떤 의미인지 전혀 알 수가 없다. 그런데 처음 만난 빌리가 머리를 쓰다듬는데도 꼬리를 살랑살랑 흔드는 걸 보면, 용은 이전부터 빌리를 잘 알고 있는 듯하다. 마치 빌리가 자기를 봐 주길 기다리는 것 같다.

빌리는 곧바로 엄마에게 용의 존재를 밝힌다. 그런데 엄마는 빌리의 말을 듣자마자 딱 잘라 용의 존재를 부인한다. 놀라지도 않고 확인하지도 않고 말이다. 이때 용을 용납하지 않는 엄마는 빌리에게 절대적 권한을 행사하는 원초적 타자가 아니다. 엄마도 상징계에 존재하는 하나의 타자로서 시니피앙의 체계 속에 포함된 1인이다. 빌리의 억압된 시니피앙은 다만 상징계의 법에 반하기 때문에 금지되었던 것이다.

빌리는 상징계의 일원으로서 마찬가지로 타자의 법을 따르는 엄마의 말을 받아들여 자신도 용을 '없는 존재'로 생각하기로 한다. 상징계의 법을 벗어나지 않으려는 태도이다. 빌리는 꼬리를 흔드는 용을 쓰다듬어 주지 않는다. 용을 쓰다듬는 순간 용의 존재를 인정하는 꼴이 되고, 그것을 금지하는 상징계의 법을 위반하게 되기 때문이다. 빌리는 철저하게 용의 존재 자체를 부인하려고 애쓴다. 하지만 무시한다고 해서 없는 존재가 되는 것은 아니다. 지금 빌리 앞에 나타난 용이 바로 무의식에서 밀려나 다른 모습으로 변장한 뒤에 의식으로 비집고 들어온 '무의식의 형성물'을 상징한다.

비교적 평온하게 엄마의 말을 받아들였지만, 용 때문에 빌리의 생활은 불편해진다. 빌리는 용 때문에 핫케이크를 하나밖에 먹을 수 없고, 엄마는 커다란 용을 피해 청소하느라 몹시 힘들지만 '없는 존재'인 용에게 화를 낼 수도 없다.

무의식의 형성물로서 용은 빌리가 억압된 시니피앙을 눈치채게끔 만들어야만 한다. 그러니 계속 빌리 옆을 맴돌 수밖에 없다. 무의식의 주체가 원하는 게 뭔지 빌리가 알아보기를 바라면서. 그렇지만 빌리는 용에게 알은체할 수가 없다. 빌리가 용을 그 자체로 인정하려면 먼저 엄마의 인정이 필요하니까. 용은 존재를 인정받지 못하자 몸집이 점점 불어난다. 무의식의 억압된 시니피앙이 의식에서 인정받고자 하는 소망을 키우면서 이것이 무의식의 형성물에도 반영되는 것이다.

드디어 꼼짝도 하지 않던 엄마가 항복하고 만다. 배고파진 용이 빌리네 집을 업고서 빵 트럭을 따라 거리로 달려 나갔기 때문이다. 용이 너무 커지는 바람에 빌리네 식구들은 평온한 일상을 유지하기가 힘들어졌다. 용을 인정하지 않은 대가로 온갖 불편을 감수하던 엄마는 세 식구의 안전한 보금자리마저 흔들리자 그제야 백기를 든다. 사실 마지막까지 부인하고 싶었지만 빌리가 선수를 친다. 용이 존재한다고 외친 것이다. 이번에는 엄마도 끝까지 우기지 않고 용의 존재를 인정한다. 존재를 인정받아 작아진 용을 보고 엄마가 이 정도면 괜찮다고 말한다. 이는 빌리에 대한 엄마로서의 억압 또는 제한을 조금 느슨하게 하겠다는 신호로 받아들일 수 있다.

그러나 빌리의 고민은 지금부터 시작되어야 한다. 왜 하필 이 시점에 용이 나타났을까? 용의 가면을 쓰고 의식에 모습을 드러낸 빌리의 무의식이 진짜 원하는 것은 무엇일까? 무의식의 형성물은 그 존재를 인정해 주는 것만으로 사라지지 않는다. 무의식의 형성물을 통해 자신이 잃어버린 것이 있음을 인지하고 세상의 법 안에서 그것을 찾고자 노력할 때, 우리는 고유한 욕망을 가진 주체로 거듭날 수 있다.

2

그때 나는
왜 그렇게 말했을까?

앞서 말한 것처럼 언어는 우리 삶의 중심에 있으며 무의식과도 깊은 연관이 있다. 언어, 그중에서도 이 글에서 특히 많이 언급하는 시니피앙이란 무엇일까?

스위스의 언어학자 소쉬르는 우리의 말(기호)이 기표(시니피앙)와 기의(시니피에)로 이루어졌다고 보았다. 기표는 귀로 들을 수 있는 소리, 즉 뜻을 담는 외적 형식을, 기의는 소리가 표시하는 의미를 가리키며, 기표와 기의가 하나로 합쳐질 때 비로소 '말'이 탄생한다는 것이다.

그런데 라캉은 정신분석학에 언어를 대입하면서 전혀 다른 해석을 내놓는다. 기표와 기의는 각각 독립적으로 존재하며, 하나의 기표는 다른 기표와의 관계 속에서만 의미가 결정된다는 것이다. 이때 기표는 기의보다 우위에 있고 의미가 결정되기 전까지 기표, 즉 시니피앙은 비어 있다.

누가 "다리!"라고 말했다고 치자. 그것만으로는 그가 하려는 말이 무슨 뜻인지 알아채기 힘들다. 그 뒤에 '건너다' 또는 '아프다'라는 말이 와야 물을 건너는 다리구나, 신체의 한 부분인 다리를 말하는구나, 하고 의미를 알아차리게 된다. 이때 '다리'는 시니피앙이다. 의미가 비어 있는, 보이는 문자 그대로의 표식. 이처럼 하나의 시니피앙은 다른 시니피앙을 만날 때 비로소 의미가 정해진다.

다른 시니피앙을 만나고도 의미가 정해지지 않으면 또 다른 시니피앙과 만난다. 이렇게 의미가 확정될 때까지 뒤에 오는 시니피앙이 계속 바뀌는 것을 '시니피앙의 연쇄' 혹은 '시니피앙의 환유'라고 한다. 시니피앙의 연쇄(환유)는 의미가 결정되는 지점에서 멈추는데, 그 지점은 문장이 끝날 때다. 즉 말은 문장이 끝나는 지점에 이르러서야 비로소 의미가 결정되는 것이다.

그러면 의미가 결정되는 기준은 무엇일까? 언어는 사회적 약속이다. 우리는 그 틀 안에서 시니피앙을 선택하고 의미를 결정한다. 정신분석의 관점에서 보자면, 그 사회적 약속이라는 틀 역할을 하는 것이 '아버지의 이름'(2부 2장 참조)이다.

가끔 내가 한 말이 내 의도와 다르게 전해져서 곤혹스러울 때가 있다. 그러면 우리는 '그때 내가 왜 그렇게 말했지?' 하며 후회한다. 그것은 앞서 말한 바와 같이 내 생각을 완벽하게 전달할 수 없는 언어의 특성 때문이기도 하지만, 그 때문에 소외되어 무의식을 형성한 시니피앙들, 타자의 담론이 포함된 내 무의식의 시니피앙이 영향을 끼친 결과일 수도 있다.

좁쌀 한 톨에서 시작된 시니피앙의 연쇄
《좁쌀 한 톨로 장가든 총각》

타자의 담론으로서 무의식에 존재하는 시니피앙은 내 삶에 어떤 영향을 주는가? 그것은 의식에서 어떻게 시니피앙의 연쇄(환유)를 일으키는가? 그림책《좁쌀 한 톨로 장가든 총각》(이상교 글, 주경호 그림, 보림출판사, 1997)은 시니피앙의 연쇄를 통해 욕망을 추구하는 과정을 보여 준다.

옛날에 어느 총각이 좁쌀 한 톨을 들고 세상 구경을 떠났다. 처음 묵은 주막에서 쥐가 좁쌀을 먹어 버리자, 총각은 대신 쥐를 받아 들고 길을 떠난다. 이곳저곳 하룻밤 묵을 때마다 총각이 맡긴 것은 모두 사달이 났다. 그래서 총각은 쥐 대신 고양이를, 고양이 대신 개를, 개 대신 당나귀를, 당나귀 대신 소를 끌고 여행을 계속한다. 그러던 어느 날, 총각은 큰 기와집에 소를 맡기고 하룻밤 묵는다. 그런데 그 집 딸이 자기네 소인 줄 알고 총각의 소를 잡아 국을 끓여 버린다. 결국, 총각은 그 처녀와 결혼해서 집으로 돌아온다.

좁쌀을 들고 세상 구경을 떠나기 전 총각은 몹시 게을렀다. 모처럼 조를 심고도 여름 내내 김 한 번 매지 않을 만큼. 그런데도 총각은 그의 유일한 생산물인 좁쌀 한 톨을 들고서 '세상 구경'을 떠난다. 말이 세상 구경이지, 그가 세상을 신나게 '구경'하고 다닌 것 같지는 않다. 어슬렁어슬렁 걷고, 눈 덮인 산길을 푹푹 빠져 가며 걷고, 구불구불 고갯길을 걷고, 걷고 걷고 또 걸었다. 그는 마치 목적이 있는 사람처럼 끊임없이 앞으로 나아갔다.

재미있는 것은 총각이 하룻밤 묵어 갈 때마다 자신이 가진 것을 집주인에게 맡긴다는 점이다. 총각이 맡긴 소중한 좁쌀 한 톨은 주막집 할머니에게는 너무 하찮고 의미 없는 물건이다. 그래서 아무 데나 던져 두었더니 쥐가 먹어 버린다. 총각은 좁쌀 대신 쥐를 취하는데, 그 쥐는 싸리 울타리를 두른 집에서 고양이에게 그만 잡아먹힌다. 이제 총각의 품에는 쥐 대신 고양이가 안긴다. 고양이는 땔감을 줍던 할아버지 집에서 개에게 물려 죽는다. 개는 당나귀의 발에 밟혀 죽고, 당나귀는 소도둑들이 훔친 게 분명했지만, 그들이 소뿔에 받혀 죽은 거라고 둘러대는 바람에 총각은 소를 차지하게 된다.

집주인들은 하나같이 총각이 맡긴 것을 잃어버리고, 총각은 잃어버린 것을 대신해 분실의 원인이 된 다른 것을 돌려받는 식이다.

좁쌀에서 쥐, 쥐에서 고양이, 고양이에서 개, 개에서 당나귀, 당나귀에서 소까지 총각이 하룻밤 묵을 때마다 대상의 대체가 이어진다. 총각은 자기가 소유한 것이 좁쌀이든 쥐든 고양이든 상관없이 계속 소중히 여긴다. 그런데 이 대상들은 실상 총각에게 아무 의미가 없다. 총각에게 있어 좁쌀은 식량이라는 의미를 가질 수 없다. 쥐도 고양이도 당나귀도 소도 총각이 취할 수 있는 의미를 갖지 못한다. 총각의 소유물은 텅 빈 기표, 즉 시니피앙으로서 총각의 여행이 계속되는 가운데 지속적인 연쇄를 일으키고 있다.

총각이 큰 기와집에 도착하기 전까지 시니피앙의 연쇄 속에서 기의(시니피에)는 계속 미끄러져 의미 생성에 실패한다. 그러니까 우리는 그림책을 아무리 열심히 읽어도 총각이 왜 좁쌀 한 알을 그렇게 소중하게 쥐고 여행을 떠났는지 모른다. 그렇게 소중한 좁쌀을 쥐가 먹어 버렸는데, 어째서 아무렇지도 않게 쥐로 대체할 수 있는지도 알 수 없다. 세상 구경을 하겠다며 하염없이 앞으로만 나아가는 총각의 속내도 우리는 전혀 알아차릴 수 없다. 다만 한 가지, 좁쌀과 쥐와 고양이, 개, 당나귀, 소가 총각에게는 똑같이 소중하다는 것만 알 수 있다.

답은 마지막에 도착한 큰 기와집에 있었다. 이전까지 총각은 지나가다 날이 저물면 근처에 있는 집에 가서 재워 달라고 부탁하곤 했다. 그런데 이번에는 달랐다. 총각이 기와집 앞을 지나다가 담장 너머로 그 집 예쁜 딸을 본 것이다. 그러고 나서 그는 하룻밤 재워 달라며 대문을 두드렸고, 이번에도 자기 소를 맡긴다. 예상대로 그 집 딸이 소를 잡았고, 총각은 이를 빌미로 예쁜 딸과 결혼하게 된다.

세상 구경이 진짜 의미를 찾기까지

시작은 세상 구경이었다. 총각의 의식에서는 그랬다. 그런데 결과는 결혼이다. 아마도 총각은 무의식적으로 예쁜 처녀와 결혼하고 싶다는 욕망을 품고 있었을 것이다. 그러나 결혼하려면 배우자를 먹여 살릴 만한 여력이 있어야 하는데 총각은 그렇지 못했다. 총각의 욕망은 현실적으로 실현 불가능했으니 당연히 억압되었을 테고, 욕망이 눌리니 총각은 의욕 없이 살고 있었던 것이다. 그의 게으름은 우울증의 대표적 증상인 무기력을 보여 주는 한 단면이다. 극한의 무기력 상태에서 간신히 수확한 좁쌀 한 알은 총각에게 세상을 바라볼 힘을 주었다. 그러니 총각에게 아주 소중한 대상이 될 수밖에 없었고, 당연히 잃어버리지 않게 잘 보관하고 싶었을 것이다.

그런데 이 총각은 틀림없이 오이디푸스 콤플렉스 단계를 잘 거친 사람일 거다. 시니피앙의 대체가 자연스럽게 이루어지는 걸 보면 말이다. 총각은 잃어버린 좁쌀에 연연하지 않고 좁쌀과 연관된 쥐로 시니피앙을 바꾼다. 총각이 경험하는 시니피앙의 연쇄는 기와집에 도착할 때까지 계속된다. 그의 무의식적 욕망이 시니피앙의 연쇄를 이어 가면서 신부를 만날 수 있게끔 총각을 이끈 것이다. 그가 만난 마지막 시니피앙은 기와집 딸이다. 총각과 기와집 딸의 만남! 이 지점이 곧 의미가 결정되는 지점, 바로 '누빔점'이다. 여기서 총각이 자신의 욕망이면서도 전혀 의식하지 못하고 있던 '결혼'이라는 진정한 의미가 발생하기 때문이다.

총각의 욕망에는 사실 무의식에 담긴 타자의 욕망이 포함되어 있다. '나이를 먹으면 결혼을 해야 한다'는 통념이 있으니 늦도록 결혼을 못 한 총각은 주변의 걱정을 사지 않았을까. 그러나 가난한 총각에게 결혼은 현실적으로 불가능한 일이었기에 억압된 타자의 담론 형태로 총각의 무의식에 자리하고 있었으리라. 그 욕망이 이루어지기 위해 시니피앙의 연쇄 속에서 기와집 딸이라는 특정 시니피앙에 '아버지의 이름'이 누빔점으로 작용한 것이다. 만약 총각의 무의식에 '나는 뭘 해도 안 돼!' 같은 부정적인 시니피앙이 있었다면, 총각의 세상 구경은 뭘 해도 안 되는 상황으로 흘러갔을 수도 있다.

이야기 막바지에 총각은 예쁜 처녀를 데리고 집으로 돌아가 결혼식을 올린다. 총각은 아주 복이 터졌다! 라캉에 따르면 발화된 말의 의미는 말이 다 끝나고 나서야 결정된다. 총각이 왜 좁쌀 한 알만 들고 세상 구경을 떠났는지, 좁쌀을 왜 그토록 애지중지했는지, 그의 모든 말과 행동은 마지막에 예쁜 색시를 얻고서야 하나로 꿰어져 의미를 갖게 되었다. 이처럼 그림책《좁쌀 한 톨로 장가든 총각》은 언어 구조상 의미의 결정이 '이야기'에도 똑같이 적용되고 있음을 보여 준다.

말은 끝까지 들어야지
《안 그러면!》

우리는 누구나 의도를 가지고 말한다. 그렇지만 첫마디만 듣고는 발화자의 의도를 파악할 수 없다. 문장을 끝맺었을 때에야 비로소 의미가 완성되기 때문이다. 이것을 '마침표의 소급 효과'라고 한다. 그러나 우리는 종종 상대방이 말을 끝내기도 전에 발화 의도를 멋대로 짐작하고 속단해 버리고는 한다. 이 때문에 오해가 생기고 관계가 틀어지는 경우가 허다하다.

말의 의도를 속단해 생기는 오해를 짧지만 유쾌하게 보여 주는 그림책 《안 그러면!》(알리스 바시에 글, 실뱅 디에즈 그림, 김은숙 옮김, 소금창고, 2013, 절판)을 살펴보자.

늑대가 빵 가게에 들어와 초콜릿 빵을 하나 달라면서 '안 그러면' 이라는 말을 덧붙인다. 계산대 앞에 서 있던 양은 무서워서 돈도 받지 않고 늑대에게 빵을 내준다. 그러고는 옷 가게 주인인 염소에게 가게를 맡긴다. 늑대 얘기는 쏙 빼고 말이다. 아무것도 모르는 염소는 똑같이 늑대에게 당하고 나서 미용사인 돼지에게 가게를 맡긴다. 역시 늑대 얘기는 하지 않는다. 돼지도 늑대에게 당한 뒤 소방관인 개에게 가게를 맡긴다. 이때 돼지는 개에게 늑대에 대해 알려 준다. 각오하고 있던 소방관에게 늑대가 찾아온다. 이번에도 늑대는 똑같이 말한다. 그러나 소방관 개는 다른 동물들과 달리 도리어 늑대에게 되묻는다. 그러자 늑대는 대답을 얼버무리며 지갑을 꺼낸다.

말의 의미는 문장에 마침표가 찍히고 나서야 결정된다. 양도, 염소도, 돼지도 늑대가 말을 끝낼 때까지 기다리지 않았다. 의미가 결정되기도 전에 자의적으로 해석해 버린 탓에 소동이 멈추지 않은 것이다. 늑대가 처음 빵 가게에 갔을 때 양이 늑대 말을 끝까지 들었다면 어떻게 되었을까? 소방관 개처럼 되물어 봤더라면? 그랬다면 아까운 빵을 공짜로 내주지 않았을 것이고, 공연히 겁에 질려 염소에게 빵 가게를 맡길 일도 없었을 것이다.

늑대는 애초에 빵을 빼앗으려는 마음이 없었을지도 모른다. 겁먹은 양과 염소와 돼지를 차례로 만나다 보니 점점 대담해졌을 수도 있다. 설사 늑대가 처음부터 불순한 의도로 찾아왔더라도, 양이 지레 겁먹지 않고 끝까지 말을 들었더라면 좀 더 침착하게 대응할 수 있었을 것이다. 소방관 개와 대화하는 장면에서 알 수 있듯이, 늑대는 겉으로는 강한 척해도 사실은 겁쟁이였기 때문이다.

가난하기에 욕망할 수 있는
《낱말 공장 나라》

언어를 극단적으로 제한하는 나라에서 산다면 어떨까? 자본이 언어까지 포획한 사회, 돈으로 값어치가 매겨지는 언어는 우리에게 어떤 영향을 미칠까? 그런 곳에서 희망은 무엇일까? 그림책《낱말 공장 나라》(아녜스 드 레스트라드 글, 발레리아 도캄포 그림, 신윤경 옮김, 세용출판, 2009)에서 그런 세계를 만나 보기로 한다.

낱말 공장 나라가 있다. 이 나라에서는 말을 하고 싶으면 공장에서 만들어진 낱말을 상점에서 사야만 한다. 특히 비싼 낱말들은 큰 부자가 아니고서는 쓰기 힘들다. 이때 낱말은 미리 정해진 의미대로만, 즉 기호로만 사용된다. 교통 표지판처럼. 기호는 고정되어 의미가 미끄러질 일이 없다. 그러니 낱말을 원 없이 살 수 있는 부자에게는 억압될 것이 없어서 무의식도 생기지 않는다. 당연히 그들에게는 욕망이 생길 일도 없다. 욕망이란 무의식으로 억압되어 잃어버렸다고 느끼는 무엇을 세상에서 찾기 위한 노력이니까. 모든 것이 완벽하고 빈틈없이 짜인 세상에서 부자들은 주어진 기호로 소통하며 평온한 일상을 살아간다. 하지만 위기가 닥치면 그들은 대응할 힘이 없다. 스스로 욕망하는 주체가 아니기 때문이다.

가난한 사람들은 말을 거의 하지 않는다. 아니, 정확하게는 하지 못한다. 전하고 싶은 의미를 담은 기호를 모두 살 만한 형편이 안 되기 때문이다. 그들은 세일 기간에 값싼 낱말들을 한 아름씩 사거나 쓰레기통에서 낱말 찌꺼기를 줍는다. 복화술사나 등나무처럼 대개는 쓸모없는 것들이다. 아이들은 가끔 바람에 날리는 낱말을 곤충망으로 잡는다. 그런 날은 부모님 앞에서 자랑스럽게 그 낱말을 말한다. 하고 싶었던 말이 아니라 가진 낱말을 입으로 표현한 것뿐이다. 그럴 때 낱말은 공장에서 만들어진 본래의 의미를 잃고 하나의 비어 있는 시니피앙이 된다. 할 말은 많은데 할 수 없으니, 가난한 자의 무의식은 억압된 시니피앙으로 가득 찬다. 이 때문에 잃어버린 시니피앙을 세상에서 찾고자 하는 욕망이 분출한다. 아이러니하게도 이곳에서는 가난한 자만이 욕망하는 주체가 될 수 있는 것이다.

주인공 필레아스는 곤충망으로 낱말을 세 개나 잡았다. 하지만 아무에게도 말하지 않고 아껴 둔다. 사랑하는 시벨의 생일 때 선물하기 위해서다. 필레아스가 시벨을 찾았을 때 경쟁자 오스카가 시벨에게 먼저 사랑을 고백한다. 오스카는 원하는 낱말을 모두 살 수 있을 만큼 부자였기에 자신감이 넘친다. 필레아스는 자신이 너무 초라하다. 하지만 시벨을 사랑하는 마음이 그 초라함을 견디게 한다. 시벨은 곤충망으로 잡은 낱말 세 개를 천천히 말한다. 잠시 후 말이 없던 시벨이 필레아스의 볼에 입을 맞춘다. 엉뚱한 단어 몇 개만 가진 시벨이 완벽한 말로 사랑을 고백한 오스카를 이겼다. 도대체 무슨 일이 일어난 것일까?

오스카는 대사를 외우듯 거침없이 고백한다. 소중하다는 말, 사랑한다는 말, 결혼하게 될 것이라는 말, 모두 의심할 여지 없이 오스카의 마음을 완벽하게 대변한다. 그런데 왜 시벨의 마음을 잡지 못했을까? 중요한 것은, 아무리 비싼 말이라도 진심이 담기지 않았다면 사람의 마음을 얻을 수 없다는 사실이다.

부자인 오스카는 원하는 말을 다 살 수 있으니 말로 자신의 마음을 충분히 전달할 수 있다고 굳게 믿었을 것이다. 턱을 한껏 치켜든 태도와 권위적인 말투에서 그런 오만함이 드러난다. 오스카는 진심으로 사랑한다고 고백한 뒤에 곧바로 자신과 시벨이 결혼하게 될 거라고 단정한다. 시벨의 의사와 상관없이 일방적인 마음을 그저 비싼 말로 과시하는 듯하다. 진정한 사랑을 원하는 사람이라면 그 모습에 거부감을 느낄 수밖에 없다. 하지만 오스카는 자신만만했다. 그가 하는 모든 말은 의미가 고정되어 있기 때문에 의사 전달에는 아무 문제도 없다고 생각했을 테니까.

그는 시벨을 정말 사랑하긴 한 걸까? 이 나라의 다른 부자들처럼 그에게는 억압된 무의식이 없다. 따라서 욕망도 없다. 누군가를 간절히 사랑하려는 욕구 자체가 생기기 어려운 구조다. 그러니 시벨이 오스카에게서 진심을 느끼지 못하는 건 당연한 결과다. 시벨이 자신이 아닌 필레아스를 택했을 때 오스카는 화가 났겠지만 달리 대응할 방법을 찾기도 힘들 것이다. 스스로 욕망하는 주체가 아니기 때문이다.

비어 있는 말로 전하는 충만한 고백

오스카의 고백이 끝난 뒤에도 여전히 미소 짓는 시벨 앞에서 필레아스는 다급해진다. 시벨을 향한 마음은 더욱 간절하다. 그는 가슴속에 품고 있는 큰 사랑을 생각하며 천천히 입을 뗀다. 체리, 먼지, 의자. 사랑과는 전혀 관계없는 낱말들이지만, 필레아스는 가슴에 손을 얹고 하나하나 정성스럽게 전한다. 잠시 후, 필레아스는 시벨의 입맞춤을 받는다. 사랑과 어울리지 않는 체리, 먼지, 의자로 어떻게 진심을 전달할 수 있었을까?

필레아스에게 '사랑'은 억압되어 오랫동안 그의 무의식에 머물러 있던 시니피앙이다. 시벨에게 전하고 싶지만 가난해서 '사랑'이란

낱말을 살 수가 없다. 입 밖으로 꺼낼 수 없기에 '사랑'은 더 커지고 간절해진다. 그 무렵 필레아스에게 체리, 먼지, 의자라는 시니피앙이 생긴다. 어떻게든 의식으로 떠올라야 했던 '사랑'은 체리를, 먼지를, 의자를 가면 삼아 무의식을 탈출한다. 필레아스의 간절함이 위장한 시니피앙의 가면을 뚫고 '사랑'의 진실을 보여 준 것일까?

필레아스의 첫마디, 체리는 체리로서 의미를 잃은 시니피앙이었다. 가면을 썼으니 그것이 '사랑'이란 것을 알아채기 힘들다. 필레아스의 의도를 알 수 없었던 시벨은 다음 말을 기다린다. 필레아스는 매우 정성스럽게 그리고 아주 천천히 먼지와 의자를 차례로 말한다. 시벨은 세 시니피앙의 연쇄를 통해 필레아스의 마음을 알아차린다. 달콤한 체리, 솜털 같은 먼지, 편안한 의자는 시벨에게 '사랑'이었다. 기호로 보면 엉뚱한 낱말이지만, 필레아스의 진심 앞에서 의미가 지워진 시니피앙들은 시벨에게 '사랑'이라는 진심을 전달하는 데 성공한 것이다.

시벨이 필레아스의 볼에 입을 맞췄을 때 필레아스는 자신에게 남은 마지막 낱말을 마저 사용한다. 그 낱말은 필레아스가 오래전부터 갖고 있던 것이다. 언젠가는 쓸 일이 있을 거라며 소중하게 간직하긴 했지만, 이전까지는 필레아스에게 의미 없던 낱말이었다. 그런데 앞의 세 낱말이 사랑이라는 의미로 연결되면서 마침내 이 말이 제대로 된 의미를 갖는다. 이야기를 행복하게 마무리 짓는 마지막 낱말은 독자가 직접 찾아보기 바란다.

언어에 의미가 고정되어 있다고 생각하는 것은 언어를 상상적으로 파악하는 데서 비롯되는 오해다. 주체의 진심은 이처럼 언어에서 의미의 확정을 보류하고 시니피앙적인 특징을 드러낼 때 파악 가능하다. 의미가 보류되었을 때, 시니피앙의 연쇄를 통해 스스로도 모르고 있던 '나'의 진심, 바로 무의식이 출현할 수 있기 때문이다.

욕망하는 주체는 결여를 중심으로 만들어진다. 고유한 욕망을 추구하는 삶이 궁극적인 인간의 목표라면, 《낱말 공장 나라》는 극단적으로 제한된 세계에서조차 가진 자보다 결여된 자, 결여될 수 있는 자에게 세상이 더 열려 있음을 보여 준다. 낱말 공장 나라만큼이나 우리가 사는 사회도 물질 만능주의가 범람하고 있지만, 우리가 욕망하는 주체인 한 우리에게는 희망이 있다.

무수한 말들이 서로 겉돌면서 아무 의미도 만들어 내지 못하는 경우가 있다. 그런 대화를 나누고 돌아오는 길은 공허하기만 하다. 라캉이 말하는 '텅 빈 말(공허한 파롤)'은 단순한 수다 같은 것이다. 끝없이 이어질 수는 있지만, 발화하는 주체의 존재가 그 안에 담겨 있지는 않다.

그에 견주어 '꽉 찬 말(충실한 파롤)'은 발화하는 주체의 존재를 결정하는 말, 존재가 실린 말이라고 할 수 있다. 좋아하는 사람 앞에서 줄곧 세상 사는 이야기만 한다면 그것은 텅 빈 말이다. 텅 빈 말로는 당연히 좋아하는 사람의 마음을 얻을 수 없다. 그런데 어느 날 발화 주체가 "사랑해."라고 말한다면 둘의 관계는 완전히 달라진다. 연인 사이가 되거나 헤어지거나. 따라서 이때 '사랑해'라는 한마디는 두 사람의 존재 의미를 결정지을 수 있는 꽉 찬 말이다.

텅 빈 대화 속 존재 찾기
《내 모자 어디 갔을까?》

텅 빈 말, 꽉 찬 말의 예를 그림책《내 모자 어디 갔을까?》(존 클라센 지음, 서남희 옮김, 시공주니어, 2012)에서 찾아볼 수 있다.

《내 모자 어디 갔을까?》는 아주 유쾌, 살벌한 그림책이다. 어느 날 곰이 없어진 모자를 찾는다. 여우도, 개구리도, 빨간 모자를 쓴 토끼도 곰의 모자를 못 봤다고 한다. 나무에 걸려 있던 뱀도, 두더지도 마찬가지다. 속상해하던 곰에게 사슴이 다가온다. 곰은 사슴에게 자기 모자를 설명하다가…… 토끼가 쓰고 있던 빨간 모자에 생각이 미친다. 곰은 헐레벌떡 뛰어가서 토끼에게 따진다. 다음 순간 토끼는 사라지고 곰이 모자를 쓴 채 그 자리에 앉아 있다. 아마도 흡족해하며. 잠시 뒤 다람쥐가 다가와 모자 쓴 토끼를 찾는다.

가장 좋아하는 빨간 모자를 잃어버린 곰은 가는 데마다 동물들에게 자기 모자를 봤는지 묻는다. 곰의 질문과 여우의 대답, 그에 대한 곰의 인사치레로 이어지는 대화에는 요즘 말로 영혼이 없다. 의례적인 질문에 의례적인 답변일 뿐이다. 왜 그럴까? 곰과 여우는 마주 보고 서 있는데도 눈을 마주치지 않는다. 서로 눈높이가 다른데도 둘의 시선은 그저 각자의 정면에 고정되어 있다. 시선이 평행선을 달리는 것처럼 그들의 '말'도 평행선을 달린다. 서로 묻고 대답해도 말 속에 존재(화자의 존재감, 말의 궁극적인 목적, 진정한 의미)가 담겨 있지 않으니, 답을 찾을 수 없는 게 당연하다. 개구리, 뱀, 두더지와 대화할 때도 마찬가지다.

심지어 곰은 모자 도둑인 토끼와 대화할 때도 텅 빈 말만 주고받는다. 토끼는 곰이 잃어버린 모자를 쓰고 있었지만 곰은 토끼와도 눈을 마주치지 않은 채 의례적인 질문을 던진다. 토끼 또한 곰을 보지 않고서 대꾸한다. 토끼는 다분히 의도를 가지고 곰을 외면하며 시치미를 뗀다. 그가 바로 모자 도둑이기 때문이다. 그러나 토끼가 발화한 시니피앙은 청자인 곰에게 의미가 되지 못한 채 그대로 흘러가고 만다. 곰은 토끼를 주의 깊게 보지 않았고, 결국 토끼의 말도 텅 빈 말이 될 수밖에 없었다.

  곰이 사실을 알아차린 것은 사슴을 만났을 때다. 실의에 빠져 누워 있던 곰에게 사슴이 다가온다. 이때 곰은 사슴을 올려다보고 사슴은 곰을 내려다본다. 처음으로 눈을 마주치면서 대화를 나누는 장면이다. 사슴과 얘기하던 곰은 자신의 말 속에서 토끼의 존재를 깨닫는다. 의식하지 못했던 도둑으로서의 토끼가 모자를 연상하는 시니피앙의 연쇄 과정에서 자연스럽게 떠오른 것이다. 곰은 당장 토끼에게 뛰어가서 외친다. 토끼의 존재를 도둑으로 규정하는 꽉 찬 말이 드디어 나오는 것이다.

  잠시 뒤, 되찾은 빨간 모자를 만족스럽게 쓰고 있는 곰에게 다람쥐가 다가와 토끼의 행방을 묻는다. 이때 곰은 뒤돌아 앉아 다람쥐를 보지 않고 말한다. 모자를 훔친 토끼가 그랬던 것처럼 곰도 상대방을 외면하며 발뺌한다. 곰의 말 속에는 그가 토끼를 잡아먹었을 것으로 짐작되는 단서가 있었지만, 다람쥐에게는 아무런 의미도 주지 못하는 텅 빈 말이었다. 다람쥐의 마지막 인사도 서로에게 어떤 의미도 전달할 게 없는 텅 빈 말일 뿐이다.

3

나는 왜
죽음을 두려워할까?

　무의식은 의식이 알아차릴 수 없는 지식의 형태로 존재하면서 일상에 반영된다. 때로 위급한 순간에는 무의식이 그 상황을 해결하는 열쇠가 되기도 한다. 그럴 때 우리는 "나도 모르게 그렇게 했어." 같은 말로 상황을 설명하고는 한다. 어렸을 때 반딧불이와 마주친 적 있는 사람이라면 캄캄한 밤중에 낯선 곳을 홀로 걷다가 반딧불을 보아도 놀라지 않는다. 반딧불이는 조금 전까지 전혀 의식하지 못했지만, 눈앞에서 불빛을 마주하는 순간 무의식에서 떠오른 지식이다. 이처럼 우리가 예기치 못한 순간을 당황하지 않고 넘길 수 있는 것은 무의식에 저장된 지식 덕분이다.

　그런데 무의식에도 없는 지식이 있다. 바로 죽음과 성에 관한 것이다. 여태까지 죽음을 경험하고 타자에게 그 지식을 전수한 사람은 없다. 그 자체가 불가능한 일이니 당연하다. 따라서 무의식에는 죽음에 관한 지식이 있을 리 없다. 또한, 성은 미처 경험하기도 전에 금지당하기 때문에 우리의 무의식에는 성적 지식이 없다.

아기는 어머니의 젖가슴을 통해 배도 채우지만 즐거움도 알게 된다. 구강 충동은 이와 같은 아기의 경험 속에서 생겨나 계속해서 그 만족을 경험하기 위해 꾸준히 추동된다. 그러나 성 충동은 다르다. 남근기에 성적 충동이 일어나고 그에 대한 만족을 원하지만, 어머니와 분리되는 과정에서 다른 충동들과 함께 원천적으로 금지된다. 즉 성 충동은 만족을 경험해 보기도 전에(그 시기에는 성적 경험 자체가 불가능하기 때문에) 금지당한다.

'무슨 소리야? 성에 대해 아니까 성생활이 있는 거지.' 하고 생각할 수 있다. 그러나 우리가 아는 성은 몸으로 직접 경험한 것이 아니라 상징계의 질서 안에서 매뉴얼로 만들어진 것이다. 따라서 성적 경험이 매뉴얼대로 이루어지지 않을 때는 큰 혼란을 겪게 된다. 매뉴얼을 벗어난 성에 관해서는 무의식에서 얻을 수 있는 지식이 없기 때문에 일반적인 폭력보다 성폭력을 겪었을 때 더 큰 트라우마에 빠지고 회복이 어렵다. 같은 이유로 우리는 주변에서 수많은 죽음을 목격해도 그것이 막상 내 일상에서 일어날 때는 정신적으로 큰 충격을 받는다.

일상을 깨는 위기의 순간, 라캉은 이것을 투케(tuché), 즉 우연한 만남이라 일컬었다. 이런 순간에야 우리는 무의식의 존재를 의식하게 된다. 우리는 대부분 자아의 기지와 무의식의 알 수 없는 지식으로써 이러한 위기를 모면한다. 그러나 앞서 말한 것처럼 무의식에 지식이 없는 경우, 그 순간은 주체에게 트라우마가 될 수 있다.

나도 모르게 내 일상이 깨지는 순간 《어제저녁》

그림책 《어제저녁》(백희나 지음, 책읽는곰, 2014)에서는 일상 속 '우연한 만남'의 순간을 엿볼 수 있다.

《어제저녁》은 독특한 그림책이다. 아코디언처럼 접힌 종이를 죽 펼치면 앞뒷면에 이야기가 연쇄적으로 이어진다. 유쾌한 아파트에는 개, 참새, 여우, 오리 등 많은 동물이 산다. 소시민을 상징하는 이들은 늘 똑같이 반복되는 일상을 살아간다. 어느 날 참새가 빨랫줄에 앉아 있다가 파다닥 날아오르는 바람에 줄에 널려 있던 양말 한 짝이 바닥으로 떨어진다. 그 일은 사소하지만 일상을 깨는 사건으로 아파트 주민 모두에게 연쇄적으로 영향을 끼친다.

402호에 사는 개 부부는 피아노 연습을 하려다가 양말 한 짝이 없어진 것을 알고 화가 나서 짖어 댄다. 장을 봐서 돌아오던 202호 양 아줌마는 그 소리에 놀라 열쇠를 떨어뜨리고, 막 잠들려던 304호 아기 토끼들은 깨어나 아우성을 치고, 701호를 방문한 배고픈 여우는 소란에 기분이 나빠진다.

양 아줌마의 일상은 특별할 게 없었다. 다만 개 부부의 양말 한 짝이 양 아줌마의 털 속으로 '우연히' 떨어진 일은 예기치 못한 사건이다. 개 짖는 소리에 놀라 열쇠를 떨어뜨리는 바람에 양말은 양 아줌마의 현관 앞에 떨어지고, 돌고 돌아서 다시 개 부부에게 전달된다. 컹컹대는 개 부부를 진정시켜서 아파트에 평화를 되찾아 준 공은 양 아줌마에게 있지만, 그 모든 일은 양 아줌마가 전혀 의식하지 못하는 사이에 진행된다.

우리는 삶이 흔들릴 만큼 큰 사건이 아니더라도 예고 없이 일상의 흐름을 깨는 상황을 접하면 혼란을 느낀다. 그러나 그 상황을 스스로 인식하지 못하면, 사건은 주체에게 아무런 영향도 미치지 못한다. 양 아줌마에게 그 일은 분명 일상을 벗어난 사건이었지만, 양 아줌마가 의식하지 못함으로써 정작 그 자신에게는 어떤 변화도 일어나지 않았다.

같은 시각, 402호에 세 들어 사는 생쥐 부인이 크리스마스 장식을 구하려고 집을 나선다. 그리고 복도에서 양 아줌마가 떨어뜨린 문제의 양말 한 짝을 발견한다. 크리스마스 선물을 받으려면 커다란 양말이 필요했기 때문에 생쥐 부인은 매우 기뻐하며 양말을 집 앞에 걸어 놓는다. 바로 402호에 말이다. 기억하는가? 402호는 양말을 잃어버린 개 부부의 집이다! 그래서 개 부부는 전혀 뜻하지 않았던 장소, 자기 집 한 귀퉁이의 쥐구멍 앞에서 양말을 발견하게 된다.

양말을 찾은 개 부부가 신이 나서 노래를 부르자, 분위기는 순식간에 반전된다. 개 짖는 소리에 흥분해서 날뛰던 304호의 아기 토끼들은 달콤한 노랫소리에 금세 잠이 든다. 은쟁반 찻집에서 일하는 까망고양이가 때맞춰 초콜릿 3단 머드 케이크를 배달하자, 701호에서는 아름다운 노랫소리와 머드케이크에 마음이 풀린 여우와 산양의 우정이 깊어진다. 이때 산양과 여우에게는 이웃의 '소리'가 그들의 일용할 양식과 맞물려 행, 불행의 기준처럼 작용한다는 점이 재미있다.

그날 하루 유쾌한 아파트 주민들은 일상을 깨는 순간들을 만났지만 대부분 트라우마에 빠지지는 않았다. 양 아줌마는 의식하지 못했기 때문에, 아기 토끼를 돌보던 오리 할머니나 아기 토끼들 그리고 산양과 여우는 문제가 금세 해결되었기 때문에 평온을 되찾을 수 있었다.

그러나 생쥐 부인은 달랐다. 모처럼 구한 양말을 잃어버린(사실은 주인이 가져간 것이지만) 생쥐 부인은 다시 크리스마스 장식을 구하러 나갔다가, 케이크를 배달하고 돌아가던 까망고양이와 마주친다. 천적과의 만남! 그것은 죽음과 연루된 가장 치명적이고 가장 우연한 만남이다. 그 만남으로 생쥐 부인은 일상이 사라질 뻔했다. 자칫 목숨을 잃을 수도 있었으니까 말이다. 다행히 재빨리 도망쳐서 목숨은 구했지만, 트라우마는 피할 수 없을 것이다. 그것은 천적 사이에서 반복될 수밖에 없는, 생사가 달린 어긋난 만남이기 때문이다. 투케(우연한 만남)가 상징계의 빈틈으로 모습을 드러낸 '실재'와의 만남이라고 한다면, 그날 유쾌한 아파트에서 완벽하게 투케와 마주한 것은 생쥐 부인뿐이다.

앞서 양 아줌마는 예기치 못한 사건을 겪었지만, 그것을 의식하지 못함으로써 어떤 감정의 동요도 겪지 않았고 일상이 꼬이지도 않았다. 이처럼 무의식은 주체가 무의식을 대하는 태도에 따라 달라질 수 있다. 주체가 무의식에 놀라지 않으면 무의식도 반응하지 않는다. 다시 말해, 무의식은 주체와 타자와의 관계 속에 있으며, 주체가 어떤 태도를 보이느냐에 따라 충분히 다른 방식으로 출현할 수 있다.

똑바로 보면 무섭지 않아
《귀신안녕》

특이하게도 귀신을 정면으로 다룬 그림책 《귀신안녕》(이선미 지음, 글로연, 2018)에서는 무의식을 대하는 태도의 변화가 무의식에 어떤 영향을 끼치는지 살펴볼 수 있다.

아이는 귀신을 무서워한다. 깜깜한 밤이 오면 어김없이 귀신이 찾아오는데, 아이는 공포 때문에 꼼짝할 수가 없다. 화장실도 못 가고 목이 말라도 움직일 수조차 없다. 밤마다 귀신에게 시달리던 아이는 갑자기 각성한다. 귀신이 왜 무서운지 생각해 보기로 한 것이다. 아이는 용기 내어 귀신을 쳐다본다. 그러자 귀신이 더는 무섭지 않았고, 아이가 무서워하지 않자 귀신은 시들해져서 가 버린다.

아이나 어른이나 할 것 없이 귀신을 반가워할 사람은 흔치 않을 것이다. 사실 귀신은 우리가 두려워하는 '무엇'일 뿐이고 식별할 수 있는 실체가 없다. 일반적으로 귀신은 '불가능성으로서의 실재'를 상징한다.

어릴수록 귀신을 무서워하는 이유는 무의식의 중핵인 실재 주위에 시니피앙의 그물망이 촘촘하게 짜여 있지 않기 때문이다. 즉, 아직 언어적 경험이 많지 않은 아이는 시니피앙의 연쇄로 이루어진 무의식적 지식이 어른보다 적어서 그만큼 놀랄 일이 많다는 뜻이다. 따라서 갑자기 튀어나오는 귀신처럼 의식의 표면으로 실재가 고개를 내밀면 그 불안감을 떨쳐 내기가 쉽지 않다.

그림책에서 아이가 무서워하는 것은 막연한 불안(대상이 없는 불안, 사실은 실재에 가까워짐을 의미하는 불안)을 가리고자 선택한 대상으로서의 귀신으로 봐야 한다. 꿈에 나오는 귀신은 무의식의 형성물로 볼 수 있지만, 여기서 귀신은 아이가 상상 속에서 그리는 존재이기 때문이다. 꿈을 통해 민낯을 드러내는 실재가 아니라, 아이가 만들어 낸 공포의 대상이다.

아이는 밤마다 귀신 때문에 힘들어한다. 머리를 풀어 헤치고 흰옷을 입은 귀신이 점점 다가오고, 아이는 이불을 뒤집어쓴 채 꼼짝도 못 한다. 화장실도 못 가고 물도 못 마신다. 유의해서 보아야 할 것은 아이가 귀신과 눈을 마주치지 못한다는 점이다. 아이는 두려워하는 대상을 똑바로 바라볼 수가 없고, 그럴수록 공포는 더욱 커진다.

그런데 아이가 갑자기 각성한다. 그것은 '나는 왜 귀신을 무서워하는가?' 하는 질문에서 시작된다. 아이는 귀신에 대해 '생각'하기 시작한다. 생각은 막연한 것을 언어로써 구체화하는 작업이기도 하다. 아이는 귀신의 뾰족하고 긴 손톱을 잘라 봐야겠다고 생각하고 그대로 실행한다. 길게 풀어 헤친 귀신의 머리카락을 묶어 봐야겠다고 생각하고 또 그대로 실행한다. 그런 다음 똑바로 귀신을 '응시'한다. 아이가 숨을 크게 쉬고 용기를 내어 행동하자, 상상 속에 만들어 놓았던 공포스러운 귀신 이미지는 개조된 상상 속에서 '나'로 바뀐다. 생각하고 실행했더니, 알 수 없던 귀신의 실체가 구체적인 이미지로 바뀐 것이다.

아이가 만들어 놓은 귀신의 실체가 바로 '나'라는 점은 흥미롭다. 결국, 불안의 진앙지는 '나'였던 것이다. 내 안의 억압된 '나', '나'의 무의식 안에 중핵으로서 존재하는 실재, 그 안에 내재된 원초적 충동에 다가갈수록 우리는 불안을 느낀다. 실재의 주이상스에 가까워지면 주체는 사라지기 때문이다. 따라서 귀신을 응시했을 때 그것이 '나'로 보이는 것은 당연한 일이다. 공포의 대상이 '나'임을 확인하게 해 준 이미지는 아이에게 안도감을 주었다. 아이는 거울 단계를 통해 현재의 내 이미지를 자아로 받아들인 바 있지 않던가. 이제 아이는 귀신을 무서워하지 않을 것이다. 적어도 깨어 있는 동안에는.

　재미있는 것은 귀신의 그다음 행동이다. 귀신은 아이가 자기를 무서워하지 않자 화를 내며 사라져 버린다. 아이가 무의식에 놀라지 않게 되니 무의식도 더는 반응하지 않는다. 이제 귀신은 아이 앞에 나타나기 어려울 것이다. 또한, 무의식은 대부분 타자의 시니피앙, 타자의 담론이기 때문에 무의식을 대하는 주체의 태도는 타자와의 관계에 밀접하게 연관되어 있다. 따라서 아이가 무의식의 타자를 확인하고 시니피앙의 연쇄로 이미지를 만들어 그 민낯을 가릴 줄 알게 되면, 의식 수준에서 실재에 대해 불안을 느끼는 일은 점점 줄어들게 된다.

죽음에 가까운 폭력이 남긴 트라우마
《꽃할머니》

그림책 《꽃할머니》(권윤덕 지음, 사계절출판사, 2010)는 위안부 할머니 이야기를 담고 있다. 그 오랜 세월 위안부 할머니의 아픔이 가시지 않는 이유는 그분들이 무엇으로도 설명되지 않는 성폭력의 피해자이기 때문이다. 일본이 제대로 사과하더라도 트라우마에서 벗어나는 게 쉽지 않을 일인데, 지금까지 진정 어린 사과조차 받지 못했으니 그 상처가 오죽하겠는가? 그분들의 이야기를 정신분석의 관점에서 보면 '성'이 왜, 어떻게 트라우마가 되는지 좀 더 깊이 이해할 수 있을 것이다.

《꽃할머니》는 일제 강점기에 위안부로 끌려갔던 할머니의 실화를 바탕으로 쓴 그림책이다. 꽃할머니는 열세 살에 언니랑 나물을 캐다가 군인들에게 강제로 끌려간다. 어딘지도 모르는 곳에서 할머니는 위안부로 생활하며 온갖 고초를 겪다가 정신을 놓아 버린다. 전쟁이 끝나자 위안부들은 그대로 버려졌다. 정신이 온전하지 못했던 할머니는 어떻게 다시 한국으로 오게 되었는지, 누가 자신을 절에 맡겼는지 기억하지 못한다.

　어느 날 절에 불공을 드리러 온 여자가 꽃할머니를 보고 자기 언니라는 사실을 알게 된다. 그 뒤 동생이 정성스럽게 보살핀 덕분에 할머니는 정신을 차린다. 하지만 그러는 동안 동생은 세상을 떠나고 만다. 과거를 가슴에 묻고 50여 년 세월을 견디며 살던 할머니는 어느 날 위안부 할머니들을 위한 시민 모임의 도움으로 세상에 나와 증언을 하게 된다.

　꽃할머니는 아직 성(性)을 모르는 어린 나이에 위안부로 끌려갔다. 군인들이 방문 앞에 줄을 섰고, 영문도 모른 채 거듭 겁탈을 당했다. 반항하면 군인들에게 맞았다. 말을 듣지 않는다고 관리인이 칼을 던지는 일도 있었다. 할머니 몸은 만신창이가 되었고 "한 번 당할 때마다 마음도 한 번씩 죽어 갔다."

　우리는 오이디푸스 콤플렉스와 거세 불안을 거치면서 경험해 보지도 않은 상태에서 성을 금지당한다. 그리고 사춘기가 되면 금지되었던 성이 수면 위로 떠오르고 상징계의 시니피앙으로 해석된 성을 배우게 된다. 사회적 통념에 따른 절차와 이해를 통해 성을 지식으로서 접하게 되는 것이다. 그런 절차를 거치더라도 애초에 무의식에는 자신이 경험한 성에 대한 기억이 없기 때문에 성은 늘 삐걱거릴 가능성을 안고 있다.

그런데 꽃할머니는 일본 군인에게 납치되어 끌려가서는 모든 절차를 무시한 폭력으로써 성을 경험했다. 그것은 할머니에게 엄청난 트라우마가 되었다. 할머니는 정신을 놓아 버린다. 그러지 않고서는 그 상황을 견딜 수 없었을 것이다. 당신이 알고 있던 세상의 법과 질서는 전쟁에 광분한 군인들의 세상과는 전혀 달랐을 테니까. 정신을 놓는다는 것은 현재 상황의 시니피앙을 따르지 않겠다, 자기만의 세계에 스스로 갇히겠다는 뜻이다. 결국 이해할 수 없는 군인들의 '법'에 따르지 않겠다는 주체의 선택이 곧 정신을 놓아 버리는 것이었으리라.

꽃할머니는 상상계로 퇴행한다. 집에 가자는 어머니의 목소리를 듣고, 머리를 땋아 주겠다는 언니의 목소리도 들으면서 할머니가 믿는 유일한 세상, 이미 결정된 의미의 세상인 상상계에 안주하며 현재의 세상을 외면한다. 할머니의 세상과 현실은 그렇게 유리되어 버린다.

동생의 극진한 보살핌으로 정신이 돌아온 뒤에 꽃할머니는 트라우마에 시달린다. 밤마다 무서운 꿈을 꾸는 탓에 몇 번씩 잠에서 깬다. 꿈속에서 군인들이 달려들고, 때리고, 비행기 소리며 폭탄 터지는 소리도 들린다. 할머니는 프로이트가 말하는 '죽음 충동'을 계속 겪고 있었다. 엄청나게 충격적이고 비극적인 장면을 잊지 못하고 꿈에서 끊임없이 반복하는 것 말이다. 이것은 매번 새로운 위험처럼 주어지는 투케의 반복이다.

꽃할머니의 50년에는 시니피앙의 반복도 보인다. 꽃할머니는 집 밖을 나서면 사람들이 더럽다며 수군댈 것만 같고, 몸 버리고 온 여자라며 손가락질할 것만 같았다고 얘기한다. '몸 버리고 온 여자'라는 시니피앙이 50여 년 동안 할머니를 따라다닌 것이다. 그림책에는 할머니가 정신이 든 이후 어떤 삶을 살았는지 정확하게 나오지는 않는다. 그렇지만 위안부였다는 사실을 어느 누구에게도 말하지 못하고 가슴에 꼭꼭 묻어 두었다는 말을 통해 그 시니피앙이 할머니의 인생을, 운명을 결정했다는 것을 알 수 있다.

물론 트라우마가 곧 실재인 것은 아니다. 실재는 의미적 범주이고, 트라우마는 경험에 의해 만들어진 효과, 원인이다. 그럼에도 라캉은 실재가 반복되는 트라우마와 같다고 본다. 즉 트라우마도 표상 불가능한 것으로 무의식의 중핵에 자리 잡는다.

꽃할머니가 위안부로 겪은 사건은 큰 트라우마가 되었을 것이다. 그래서 할머니는 밤마다 꿈속에서 트라우마가 있는 실재의 중핵 언저리까지 다가갔다가 놀라서 깨곤 한다. 트라우마에서 벗어나려면 적절한 애도가 필요하다. 이때 가장 중요한 것은 트라우마를 말, 시니피앙으로 바꿔서 얘기할 수 있어야 한다는 것이다. 그런데 할머니는 50년 동안 그 사건을 가슴에 꽁꽁 묻은 채 아무한테도 말할 수 없었다. 할머니가 50년 동안 투케의 반복이라는 악몽 같은 삶을 살 수밖에 없었던 이유다.

죽음에 이르는 길, 천국에 이르는 길
《사랑하는 밀리》

《사랑하는 밀리》(빌헬름 그림 글, 모리스 센닥 그림, 랄프 만하임 엮음, 김경미 옮김, 비룡소, 2006, 절판)는 전쟁과 죽음을 다룬 그림책이다. 전쟁보다는 죽음에 더 집중한 책으로, 모리스 센닥이 죽음에 대한 트라우마를 어떻게 그리는지 볼 수 있다.

1816년에 그림 형제 중 동생인 빌헬름 그림이 밀리라는 소녀에게 쓴 편지가 1983년에야 발견되었다. 모리스 센닥이 그 편지 내용을 토대로 재창조한 것이 그림책 《사랑하는 밀리》다. 이 이야기는 그림 형제가 쓴 《어린이와 가정을 위한 이야기》에 들어 있는 성스러운 이야기 〈숲속의 성요셉〉에서 모티프를 따온 것으로 보인다.

옛날 숲속 어느 마을에 엄마가 어린 딸과 살고 있었다. 어느 날 전쟁이 일어나자, 엄마는 딸이 다칠까 봐 두려워 빵 한 조각을 주며 숲으로 보낸다. 사흘만 기다렸다가 돌아오라고 당부하면서. 아이는 무섭고 두려운 마음을 기도로 달래며 점점 더 깊은 숲으로 들어간다. 고생 끝에 작은 집을 발견했는데, 그곳에는 한 노인이 있었다. 아이는 노인이 준 나무뿌리와 엄마가 준 빵 조각으로 음식을 만들어 노인과 나눠 먹는다. 그렇게 작은 집에서 사흘을 보내고 집으로 돌아오니, 엄마는 백발의 눈먼 할머니가 되어 있었다. 그동안 세월이 30년이나 흐른 것이다. 기쁜 마음으로 잠자리에 든 모녀는 이튿날 깨어나지 못했다.

전쟁이 배경인 그림책이지만, 전쟁 장면은 거의 나오지 않는다. 전쟁이라는 무서운 사건 아래 인간이 겪는 죽음에 대한 공포만 다룬다. 엄마에게는 아이가 여럿 있었는데 모두 죽고 딸 하나만 남았다. 그러니 엄마는 전쟁통에 마지막 남은 딸마저 잃을까 봐 몹시 두려웠을 것이다. 전쟁이 일어나고 하늘이 온통 새까만 구름으로 뒤덮일 때, 아이의 수호천사가 나무 위에서 울고 있다. 이것은 아이에게 위험이 닥칠 것을 암시한다. 그리고 그 위험을 직감한 엄마는 딸을 숲으로 보낸다.

숲속으로 들어간 아이는 어떻게 됐을까? 결론부터 말하자면, 아이는 죽었다! 울부짖는 매와 까마귀, 매섭게 불어 대는 바람, 뼈다귀처럼 앙상한 나뭇가지, 괴물의 형상을 한 나무들……. 그 소름 끼치도록 무서운 길로 아이가 걸어 들어간다. 결정적으로 아이의 수호천사가 눈을 감고 있다는 것이 아이가 죽음의 길에 들어섰음을 암시한다.

아이는 다리를 건너는 한 무리의 사람들을 보게 되는데, 그들도 창백한 얼굴로 아이를 바라본다. 사람들 너머로 희미하게 보이는 건물은 그 유명한 아우슈비츠 제2 수용소와 닮았다. 전쟁통에 학살당한 수많은 유대인들이 건넌 죽음의 다리를 아이도 건너게 되리라는 것을 상징적으로 나타내는 장면이다. 아이가 두려운 죽음의 관문을 홀로 통과하고 나서야 수호천사가 깨어난다.

죽음의 고통을 기도로 이겨 낸 아이는 마음이 한결 편안해진다. 하느님이 하늘나라의 문을 열어 주시면 좋겠다고 말하는 아이 앞에 작은 집이 나타난다. 천국의 문이 열리고, 성요셉이 기다렸다는 듯이 아이를 따뜻하게 맞아 준다. 아이는 그곳에서 엄마가 당부한 사흘을 보낸다. 성요셉이 준 나무뿌리와 자기 빵을 보태서 만든 음식을 먹으면서 말이다.

아이는 작은 집으로 들어갔지만, 아침에는 무덤 입구에서 나온다. 이 장면도 아이의 죽음을 암시한다고 볼 수 있겠다. 그곳에는 많은 무덤이 있고, 묘비에는 유대인을 상징하는 다윗의 별이 보인다. 한쪽에서는 창백한 사람들이 모차르트의 지휘에 맞춰 노래를 부른다. 전쟁으로 희생당한 가엾은 영혼들이 천국에 모여 있는 것이다. 유대인인 모리스 센닥은 이 작품을 통해서 아우슈비츠의 비극을 상기시키고, 전쟁으로 학살당한 수많은 유대인의 영혼을 위로하고 싶었던 듯하다.

아이는 그곳에서 자신과 똑 닮은 모습으로 변한 수호천사와 함께 사흘 동안 즐거운 시간을 보낸다. 집으로 돌아오는 길은 숲으로 들어갈 때보다 덜 힘들어 보인다. 수호천사의 도움도 있었지만, 무엇보다 아이에게서 두려움이 느껴지지 않는다. 이미 죽음을 경험했기 때문일까? 그런데 기쁜 마음으로 도착한 집 앞에는 눈먼 할머니만 홀로 앉아 있다. 바로 30년 동안이나 아이를 기다리고 있던 엄마였다. 아이가 엄마를 만나는 장면에서는 해가 뉘엿뉘엿 지고 있다. 노을이 퍼지는 저녁도, 온 세상이 갈색으로 물드는 가을도 모두 이승에서 얼마 남지 않은 엄마의 마지막 시간을 보여 준다.

엄마는 죽기 전에 한 번만이라도 딸을 보게 해 달라는 간절한 소원을 하느님이 들어주었다며 행복해한다. 정작 죽음을 경험한 아이보다 엄마의 고통이 훨씬 더 컸음을 알 수 있다. 지난 30년 동안 엄마는 숲으로 보낸 아이가 진즉에 사나운 짐승한테 참혹하게 죽었을 것이라는 생각에 고통받고 있었다. 사랑하는 사람의 죽음은 가장 큰 트라우마가 될 수밖에 없다. 게다가 전쟁 중이어서 엄마는 아이의 죽음을 제대로 애도할 수도 없었을 것이다.

엄마는 아이가 죽는 꿈을 거듭 꾸면서 고통스러운 죽음 충동에서 벗어나지 못했을 것이다. 아이를 보낸 죄책감에 시달렸을 것이고, 어쩌면 자신을 원망하는 아이의 눈을 꿈에서 마주쳤을지도 모른다. 엄마가 눈이 먼 것은 어쩌면 그 시선을 피하고 싶었기 때문이 아닐까. 그러나 엄마는 결국 아이를 알아본다. 눈이 멀었음에도! 30년 전 숲으로 들어갈 때 모습 그대로인 아이를 엄마는 보이지 않는 눈으로 알아보았다. 그러니까 아이는 실제로 존재하는 인물이 아닌 것이다.

앞서 얘기했듯이 죽음, 특히 사랑하는 사람의 죽음이 트라우마가 되는 이유는 우리의 의식과 무의식을 통틀어 어디에도 죽음에 관한 지식이 없기 때문이다. 아무도 죽음을 경험해 보지 못했으니 그에 관해 정확한 지식이 있을 리 없다. 결국, 죽음은 상징계의 구멍으로 존재할 수밖에 없는 것이다. 그래서 우리는 주변의 시니피앙을 끌어다가 죽음이라는 구멍을 가려 보려 애쓴다. 상징계의 질서로 해석해 보려고 노력하는 것이다. 그것이 앞에서 얘기한 '환상'이다(2부 3장 참조). 환상은 상징계의 구멍을 가리는 커튼이 되어, 주체가 받을 충격을 완화한다. 그래야만 우리가 일상을 살아갈 수 있으니까.

《사랑하는 밀리》에서는 죽음에 대한 상징계적 해석을 엿볼 수 있다. 죽음에 이르는 길은 아무리 믿음이 강해도 고통스러우리라는 염려, 수호천사도 죽음에서 우리를 지켜 줄 수 없다는 불안, 하지만 믿음이 강하다면 사후에 성요셉의 인도로 천국에 이르게 되리라는 위안 같은 것 말이다. 아울러 죽음은 누구도 막지 못한다, 그 불안에서 벗어나려면 종교적 믿음이 필요하다 등의 사회적 경험을 바탕으로 하는 해석도 보여 준다.

실재의 불안을 막아선 거대한 벽
《막두》

이번에는 전쟁 트라우마를 다룬 그림책 《막두》(정희선 지음, 이야기꽃, 2019)를 살펴보자.

막두 할매는 부산 자갈치 시장에서 생선을 판다. 열 살 때 전쟁이 일어났고, 피란길에 식구들과 헤어져 홀로 부산에 왔다. 헤어지면 영도다리 앞에서 만나자는 엄마 말을 따라 영도다리로 갔지만, 다리가 올라가면서 생긴 거대한 벽과 굉음에 놀라 다시 갈 엄두를 내지 못했다. 막두 할매는 그렇게 영도다리를 가까이에 둔 채 60여 년을 살았다. 그러던 어느 날, 멈춰 섰던 영도다리가 다시 올라간다는 소식을 듣고 막두 할매는 60여 년 만에 다시 영도다리에 가 본다. 할매는 이제 그 광경이 더는 무섭지 않다.

전쟁은 죽음의 얼굴을 정면으로 마주하는 사건이다. 사랑하는 사람의 죽음이 주는 트라우마와는 또 다른 트라우마다. 그것은 죽음 앞에 슬퍼하기 이전에 '나'도 죽을 수 있다는 극도의 불안을 안겨 주는 사건이며, '나'의 존립과 관계된 문제다. 프로이트는 인간에게 삶의 충동과 죽음의 충동, 두 가지가 함께 존재한다고 말한다. 인간은 살기 위해서 욕망하지만, 한편으로는 죽음으로 치닫는 행위도 서슴지 않으니 말이다. 그것은 어쩌면 전쟁의 두 얼굴과 같은 맥락일 수도 있겠다.

막두는 어린 나이에 전쟁을 겪었고, 피란 중에 가족을 잃어버렸다. 헤어지면 영도다리로 오라는 엄마의 말을 붙들고 꿋꿋하게 살아남아 부산에 도착했다. 그런데 막상 영도다리에 갔을 때 막두는 숨이 멎을 듯한 공포를 느낀다. 땡, 땡, 땡, 땡 종소리와 함께 그그그그그그 육중한 소리를 내며 다리가 올라가는데, 열 살 막두에게 그 다리는 너무 거대해서 무시무시한 벽처럼 느껴졌다. 가족을 찾지 못한 막두는 영도다리가 보이는 자갈치 시장에서 일하며 평생 다리 주변을 맴돈다.

이전까지 막두의 머릿속은 온통 헤어진 가족을 찾겠다는 생각뿐이었다. 그런데 영도다리가 서서히 올라가기 시작하자, 막두는 심장이 쿵쾅거려 견딜 수가 없었다. 기괴한 소리를 내면서 거대한 벽으로 우뚝 선 다리는 막두의 앞길을 가로막을 것처럼 위협적인 존재로 다가왔다. 막두는 그만 기겁을 하고 그곳에서 도망치고 말았다. 하지만 그 뒤로도 가족 생각에 영도다리를 아주 떠나지는 못한 채 평생 근처에 머물렀다.

막두는 무엇이 두려웠을까? 단지 벽이 너무 거대해서 괴물처럼

느껴졌을까? 자기 앞을 가로막는 벽 뒤의 진실, 다시는 가족을 만나지 못할 수도 있다는 진실이 무서웠던 것은 아닐까? 막두는 여전히 다리 주변을 서성이지만, 종이 울리면 어김없이 '달아나듯' 시장으로 돌아오곤 했다.

어쩌면 그 벽은 지난 60년 동안 막두를 보호해 왔는지도 모른다. 가족을 찾지 못할 수도 있다는 불안을 차단하는 장치로서 말이다. 그 벽은 막두가 자신의 실재 앞에 스스로 세운 벽이다. 마주치고 싶지 않은 진실을 막기 위해. 막두가 두려워하는 실재는 가족의 죽음일 텐데, 어린 나이에 오로지 가족만을 생각하며 간신히 살아남은 막두가 그 같은 실재의 민낯과 마주쳤다면 더 이상 삶을 지탱하기 어려웠을 것이다.

막두는 실재에 다가가는 불안에서 벗어나려고 대신 영도다리를 공포의 대상으로 설정한 것이다. 물론 그것이 막두의 의식에서 비롯된 결정은 아니다. 막두의 무의식이, 무의식의 시니피앙이 연쇄를 일으키며 벽 뒤에 놓인 불가능성으로서의 실재를 가리기 위해 벽에 의미를 부여한 것이다. 내 앞날까지 가로막을 것만 같은, 괴물 같은 실체로 말이다. 막두는 그 벽 덕분에 자갈치 시장에서 소소한 행복을 맛보며 60년을 잘 살아갈 수 있었다.

 세월이 흘러 할매가 되고 수시로 올라가던 다리가 언제부턴가 움직이지 않게 되었을 때, 막두의 심장도 더는 쿵쾅거리지 않았다. 살아서 가족을 만날 수 있으리라는 희망이 이미 사라졌기 때문에 더는 거대한 다리를, 그 이면의 진실을 두려워할 이유가 없었던 것이다. 오랜만에 다시 올라가는 다리를 보면서 막두는 저 대단한 다리만큼 본인도 대단하게 살았다며 세상에 없을 부모에게 읊조린다. 의식적으로는 무서워했던 그 다리가 실은 막두의 삶을 견디게 해 준 지지대였음을 암시하는 장면이다.

4부
트라우마 달래기

우리가 상실을 두려워하는 것은
원초적 상실에 그 원인이 있다.
그 상실감을 경험했기 때문에
때로 상실을 겪기도 전에
원인 모를 슬픔을 느끼기도 한다.
그래서 우리 모두에게는 항상 위로가 필요하다.

우리가 경험하는 하루하루는 '현실' 그 자체이지만, 어떤 의미에서 그것은 환상일 수 있다. 내일도 오늘처럼 반복적인 일상이 펼쳐지리라고 믿는 환상 말이다.

아침에 탄 전철에서 갑자기 불이 난다면? 편안히 잠자리에 들었는데 지진으로 우리 아파트가 무너진다면? 별생각 없이 받은 건강검진에서 암이라고 진단받는다면? 이렇게 나의 환상을 깨뜨리고 일상을 뒤흔드는 상실과 마주치면, 인생의 방향이 틀어질 만큼 엄청난 위기와 고통을 함께 겪는다. 그리고 그런 상실은 트라우마가 된다.

한번 경험한 고통은 또다시 겪을 때 더 두렵다. 흔히 "아니까 더 무섭다."라고들 말하지 않던가. 우리가 상실을 두려워하는 것은 맨 처음 인간이 겪은 원초적 상실에 그 원인이 있다. 그 상실감을 경험했기 때문에, 때로 상실을 겪기도 전에 원인 모를(사실은 원인이 기억나지 않는) 슬픔을 느끼기도 한다. 그래서 우리 모두에게는 항상 위로가 필요하다. 4부는 나는 왜 이유 없이 슬퍼지는지 그 근원을 찾는 것부터 시작하려 한다.

다음으로 '죽고 싶은' 심정에 대해 살펴본다. 상실을 극복하려면 일정 기간 애도가 필요하다. 잃어버린 대상을 진짜 보내 주는 일 말이다. 애도는 극심한 고통과 우울을 동반한다. 사랑하던 대상을 내게서 떼어 내는 일이 어찌 쉬울 수 있겠는가. 그래서 상실로 인해 우울증을 겪는 사람들은 죽음까지 생각하기도 한다. 그런데 죽음을 생각하는 것과 정말 죽고 싶은 것은 다르다. 그 둘을 구분할 수 있다면, 상실로 고통을 겪는 나를 객관적으로 바라볼 수 있다면, 조금은 고통을 줄일 수 있지 않을까?

마지막으로 이야기할 것은 애도의 조건이다. 애도는 상실한 대상에게서 리비도를 회수하는 작업(노동)이다. 회수한 리비도를 다른 대상에게 다시 투자할 수 있을 때 애도는 끝난다. 어떤 이는 그 시간이 너무 오래 걸리고, 죽을 만큼 고통에 시달리기도 한다. 정신분석가 대리언 리더는 애도를 마무리하기 위한 네 가지 조건을 제시한 바 있다. 그 조건들을 그림책을 통해 살펴보면서 상실로 아픈 모두가 애도의 터널을 조금이나마 수월하게 지나갈 수 있기를 기대해 본다.

1
나는 왜
이유도 없이 슬픈 거야?

상실이 주는 고통의 근원을 따져 보면 그곳에는 어머니가 있다. 우리가 살면서 최초로 상실한 것은 어머니이다. 아이는 주체 형성 과정에서 어머니와 분리되면서 그동안 어머니에게서 받던 것들, 어머니로부터 받게 되리라고 기대했던 것들을 모두 금지당한다. 다시 말해, 아이의 삶을 유지하는 데 필요했던 젖가슴과 같은 대상들과 그 대상을 통해 느꼈던 즐거움, 또 앞으로 어머니를 통해 느끼게 될 것이라 기대한 즐거움까지 금지당한다. 아이는 그것들을 애초에 자기 자신의 일부라 여겼기 때문에 회수될 때는 빼앗긴다고 느낀다. 내 것을 빼앗긴 상실감이다. 이것이 인간이 겪는 최초의 상실이며, 이때 느끼는 감정을 '원초적 상실감'이라 표현할 수 있겠다.

어머니와 더불어 만끽하던 즐거움은, 상실했기 때문에 더욱 절실한 그리움이 된다. 그래서 우리는 어머니를 영원한 고향으로 생각하는지도 모른다. 현실에는 아이를 학대하고 방치해서 죽음에 이르게 한 어머니도 있다. 그럼에도 우리는 여전히 '어머니'를 각박한 세상에 남겨진 최후의 안식처로 생각한다. 분리 이전에 어머니가 주던 충만한 사랑에 대한 그리움, 바로 그 조건 없는 원초적 사랑에 대한 그리움 때문일 것이다.

어머니에 대한 금지와 상실은 욕망하는 주체가 탄생하기 위해 반드시 필요한 과정이다. 하지만 그로 인한 최초의 상실감은 인간을 항상 슬프게 한다. 바쁜 나날 속에 문득 공허감과 슬픔이 밀려올 때가 있다. 그런데 아무리 생각해 봐도 딱히 슬퍼할 이유가 없다면? 그것은 아마도 무의식에 남아 있는, 어머니를 향한 그리움과 상실감이 반영된 탓일 거다. 원초적 상실감을 안고 있는 한, 아무리 잘난 척에 강한 척해 봐도 우리는 모두 위로가 필요한 존재임을 부정할 수 없다.

딱이가 없어도 나는 똑이야
《똑, 딱》

어머니를 떠나는 일은 왜 그리도 슬프고 힘들까? 단지 상실감 때문일까? 지금까지 어머니의 욕망이 곧 나의 욕망이라고 알고 살았는데, 갑자기 이 모든 것이 금지되고 주체적으로 자신의 욕망을 찾으라니. 이 일에 직면하는 아이들은 얼마나 황당할까. 어머니처럼 친절하지만은 않은 언어와 법의 세계로 들어가는 것은 자신의 정체성에 혼란을 일으키는 일이다. 난 지금까지 뭐였지? 난 누구여야 하는 거지? 이 혼란스러운 과정을 잘 헤쳐 나가는 아이들의 이야기를 그림책 《똑, 딱》(에스텔 비용-스파뇰 지음, 최혜진 옮김, 여유당, 2018)에서 만나 보기로 한다.

똑이와 딱이는 알에서 깨어나는 순간부터 친구였다. 새들의 각인 효과다. 똑이의 눈에 처음 보인 게 딱이었고 딱이의 눈에 처음 보인 게 똑이었으니, 둘은 서로에게 어머니 같은 친구였다. 둘은 언제나 함께 먹고, 함께 자고, 함께 노래 불렀다. 어느 날 딱이가 사라진다.

숲속 친구들은 딱이 없이 혼자 있는 똑이를 인정하지 않는다. 너는 누구냐고 묻기까지 한다. 그러다 똑이는 자기가 없는데도 다른 친구들과 즐겁게 놀고 있는 딱이를 발견하고 충격을 받는다.

똑이가 원하는 것은 딱이가 원하는 것이었고, 딱이가 원하는 것은 똑이가 원하는 것이었다. 그러니 둘은 서로에게 대상으로 존재했다고 볼 수 있다. 딱이가 사라진 것은 똑이에게 자기가 동일시하던 대상이 사라진 것이고, 자기의 정체성을 잃는 일이다. 친구들이 딱이 없는 똑이에게 누구냐고 묻는 것은 그런 이유에서다. 주체가 어떤 대상을 가질 때는 그 대상과 동일해지는 효과가 생긴다. 그럴 때 주체가 가진 대상과 주체를 동일시해 부르기도 한다. 예를 들어 갓 태어난 아기가 엄마 젖을 먹는 동안 엄마의 젖가슴은 아기가 소유한 대상이고, 이때 우리는 아기를 젖먹이라고 부른다. 《똑, 딱》에서도 딱이를 가짐으로써 똑이는 딱이가 되고, 반대로 똑이를 가짐으로써 딱이는 똑이가 된다.

그런데 자기와 한 몸 같았던 딱이가 떨어져 나간 것이다. 똑이가 받은 충격은 살점이 떨어져 나가는 고통과 같다. 딱이를 잃은 똑이의 마음은 슬픔에 젖고 시간은 너무 천천히 간다. 그렇지만 다행히 똑이는 온전히 딱이의 대상이기만을 바라지는 않았나 보다. 친구들이 누구냐고 물었을 때 자신은 딱이가 없어도 변함없이 똑이라고 소리치는 걸 보면 말이다.

슬픔에 찬 똑이 눈에 다른 새들과 신나게 놀고 있는 딱이가 보인다. 똑이는 이루 말할 수 없는 배신감을 느낀다. 자기 없이 행복한 딱이를 인정할 수 없다. 똑이는 누워서 꼼짝도 하지 않는다. 그런데 이내 똑이의 슬픔을 잊게 해 주는 존재가 나타난다. 똑이는 코앞에 피어난 환상적인 꽃 한 송이에 마음을 빼앗긴다. 똑이의 대상이 딱이에게서 꽃으로 바뀐 것이다.

그즈음에 딱이가 똑이를 찾아온다. 새로 발견한 것 전부를 똑이와 나누고 싶어서 말이다. 똑이보다 먼저 세상으로 나간 딱이에게 똑이는 어느새 자신을 채우는 대상이 아니라 같은 방향을 바라보는 동무가 되어 있었다. 똑이도 딱이를 반갑게 맞는다. 자기에게도 '꽃'이라는 새로운 대상이 생겼으니까. 이제 둘은 낮에는 자기가 하고 싶은 일을 마음껏 하고 밤이 되면 나뭇가지 위에서 만난다. 똑이와 딱이는 드디어 서로에게 대상이 아닌 진정한 친구가 된 것이다.

하루쯤 다 내려놓아도 괜찮아
《우리 가족 납치 사건》

아무리 행복한 순간에도 인간은 백 퍼센트 만족을 느낄 수 없다. 앞서 얘기한 원초적 상실감 때문이다. 우리가 상실한 것은 궁극적으로 다시는 찾을 수 없어서 더 그리운 어떤 것이다. 그래서 때로 그것은 우리가 가질 수 없는 이상향으로 그려지기도 한다.

그림책 《우리 가족 납치 사건》(김고은 지음, 책읽는곰, 2015)은 잃어버린 이상향으로서 원초적 상실에 대한 그리움을 문득 상기시킨다. 그러면서 오늘에 매달려 살아가는 인간에게 어쩌다 하루쯤은 모든 것을 다 내려놓아도 괜찮다고 말한다. 욕망에 매몰되어 숨쉬기조차 벅찬 속도로 질주하는 현대인에게 잠깐 멈추었다 가는 것이 오히려 삶의 원동력이 되리라고 말하는 유쾌한 이야기다.

아빠는 출근하려고 지하철을 타다가 가방에 납치되어 어느 낯선 해변에 버려진다. 엄마도 출근하려다가 치마에 보쌈당해 아빠가 있는 해변에 같이 버려진다. 우리의 주인공 전진해는 세상에서 가장 어려운 수학 문제를 풀다가 터질 듯 부풀어 오른 머리가 풍선처럼 터지는 바람에 엄마 아빠가 있는 바닷가로 날려 온다. 아무도 없는 그곳에서 가족은 그야말로 신나게 논다. 중요한 사실은, 그래도 별일이 없었다는 것이다.

빡빡한 일정에 맞춰 살아가는 현대인 가운데 이런 생각을 한 번쯤 해 보지 않은 사람이 있을까? 법이 없어도 안락한 곳, 원하는 건 뭐든 주어지는 곳, 아기 때 엄마가 주던 무한한 즐거움과 같은 원초적 쾌락이 있는 곳. 사람들은 그런 곳을 보통 '이상향'이라고 부른다.

사람들이 겉으로 바라는 것은 참으로 다양하다. 학교에서 1등을 하고, 회사에서 승진하고, 어마어마하게 큰 집을 사고, 엄청 멋진 차를 타며 사람들의 부러움을 한 몸에 받는 것 등등. 그런 것들은 보통 치열한 경쟁을 뚫고 쟁취해야 하는 것이며, 운 좋게 얻었더라도 곧 시들해질 게 뻔하다. 보통은 이런 것들이 욕망의 대상이다.

그러나 우리가 이상향으로 그리는 곳에는 경쟁이 없다. 누구라도 무한한 풍요와 쾌락을 즐길 수 있다. 그곳에 과장이니 차장이니 하는 이름표, 강남의 몇 평짜리 아파트, 반들반들 윤이 나는 외제 차 같은 것은 없다. 우리가 그리는 이상향은 한적하고 여유로우면서도 누리고 싶은 쾌락을 모두 누리는 곳이다.

《우리 가족 납치 사건》에서 보여 주는 '아무도 없는 바닷가'가 바로 그런 곳 아닐까? 그곳은 어쩌면 우리가 잃었다고 생각하는 최초의 상실지(잃어버린 어머니)일 수도 있겠다. 그곳에만 가면 행복해질 것 같으니까. 이성적 차원에서 출근을 포기하고 수업을 포기하고 그곳에 갈 수는 없다. 상징계에 진입한 인간에게는 따라야 할 법과 규율이 존재하니까 말이다. 그렇지만 전진해의 가족이 보낸 하루 같은 것을 상상해 볼 수는 있겠다. 한 번쯤 그런 상상을 즐긴다고 해서 별일이 일어나지는 않으니까.

묻고 또 물어도 풀리지 않는 의문 《왜요?》

특정 시기가 되면 아이는 어른이 지칠 때까지 끊임없이 질문을 퍼붓는다. 아이는 왜 그렇게 궁금한 게 많을까? 아이가 정말 궁금해하는 것은 무엇일까? 또 그것이 원초적 상실감과는 어떤 관계가 있을까? 토니 로스의 그림만으로도 절로 웃음이 나는 그림책《왜요?》(린제이 캠프 글, 토니 로스 그림, 바리 옮김, 베틀북, 2002)를 읽으면서 생각해 보고자 한다.

아빠는 릴리 때문에 괴롭다. 아침에 눈을 뜨자마자 시작되는 "왜요?"는 잠들기 직전까지 멈추지 않는다. 그래도 아빠는 정성껏 설명해 주려 하지만 곧 지쳐 나가떨어지곤 한다. 그러던 어느 날 커다란 우주선을 타고 온 외계인들이 지구를 파괴하겠다고 선언한다. 모두들 떨고 있는 가운데 릴리가 "왜요?" 하고 묻는다. 외계인들은 끊임없이 물어 대는 릴리에게 자신들의 침공을 논리적으로 설명할 수가 없다. 침공 자체가 논리적이지 않으니까. 릴리 덕분에 외계인들이 물러가고 지구에는 다시 평화가 찾아온다. 아빠는 릴리가 자랑스럽다.

릴리의 "왜요?"는 침략한 외계인마저 물리칠 정도로 집요하다. 릴리는 왜 질문을 멈추지 않을까? 생각해 보면 우리는 모두 풀리지 않는 의문을 안고 살아간다. 나는 어디에서 왔는지, 어디로 가는지, 왜 태어났는지, 왜 죽어야 하는지, 언제쯤 죽을지, 인생을 어떻게 살아야 가장 바람직한 것인지……. 아는 게 거의 없다. 나뿐 아니라 너도, 그도, 우리를 포함한 누구도 앞의 질문에 명쾌한 해답을 내놓을 수 없다. 바로 인간의 정체성에 관한 질문이기 때문에 그렇다.

정체성에 관한 질문은 어머니에게서 시작된다. 엄밀히 말하면, 질문은 어머니의 부재가 시작되는 동시에 생겨난다. 아기를 보살피던 어머니가 갑작스럽게 아이 곁을 떠날 때가 있다. 물론 급하게 볼일이 생겨서 그랬겠지만, 아이는 그런 사정을 알 수가 없다. 아이가 불안해할 즈음 어머니는 돌아온다. 그 같은 어머니의 현존과 부재가 빈번하게 반복되면, 아이는 자기가 어머니에게 어떤 존재인지 '생각'하기 시작한다. 그것이 자기 정체성에 대한 고민의 시작이다.

내 것인 줄 알았던 젖가슴이 사라지면 아이는 내 것을 빼앗겼다고 생각한다. 자기에게 실제로 그 자리만큼 구멍이 생겼다고 느끼는 것이다. 아이가 어머니를 욕망하는 이유는 궁극적으로 구멍을 메우고 싶기 때문이지만, 그것은 불가능한 일이다. 젖가슴은 애초에 자기 것이 아니었으니 돌려받을 수 없고, 그 자리를 대신할 수 있는 것은 아무것도 없으니까.

아이가 전부인 듯 보였던 어머니가 자기 말고 다른 것을 욕망한다는 것을 알게 됐을 때 아이는 의문을 품는다. 왜요? 왜 내가 아니에요? 그럼 당신에게 나는 무엇인가요? 나는 결국 무엇인가요? 어머니의 부재와 함께 아이에게는 자신의 정체성에 관한 질문이 시작된다. 그러나 어떻게 해도 명쾌한 답을 얻지 못한다. 그것은 타자도 알지 못하는 영역이기 때문이다. 가장 근본적인 정체성에 관한 의문이 풀리지 않으니, 아이에게 세상이 온통 의문투성이인 것은 어쩌면 당연한 일이다. 그러니 보이는 모든 것에 대해 "왜요?"하고 물을 수밖에.

외로운 두 존재를 이어 주는 요구룽의 마법
《장수탕 선녀님》

우리는 모두 위로가 필요하다. 난 아니라고? 위로가 필요한 무의식을 누르고서 의식의 자아가 센 척하는 것뿐이다. 아무리 꼿꼿한 사람도 "고생했어." 하며 어깨 한번 토닥여 주면 쉽게 마음이 누그러진다. 인간이라면 누구나 원초적 상실감을 가지고 있기 때문이다. 그래서인지 유독 위로와 관련한 그림책이 많은데, 특히 백희나 작가의 작품 상당수가 '위로'를 주제로 담고 있다. 먼저 《장수탕 선녀님》 (백희나 지음, 책읽는곰, 2012)을 보자.

덕지는 엄마와 목욕하러 오래된 목욕탕인 장수탕에 간다. 큰길가에 새로 생긴, 불가마도 있고 얼음방도 있고 게임방도 있는 스파랜드 따위 엄마는 안중에도 없다. 덕지는 때 밀기가 너무 싫다. 하지만 그 순간만 잘 참으면 요구르트를 먹을 수 있다는 게 그나마 위안이 된다.

언제나 그렇듯 덕지는 좋아하는 냉탕으로 달려가 노는데, 그날은 처음 보는 할머니가 있었다. 바로 장수탕 선녀님이다. 선녀님은 날개옷을 잃어버리고 장수탕에 살게 된 사연을 구구절절 늘어놓고는 덕지와 신나게 논다. 그리고 항상 궁금했다며 요구르트에 대해 묻는다. 덕지는 꾹 참고 때를 민 대가로 받은 요구르트를 기꺼이 선녀님에게 건넨다. 조금 목이 말랐지만 말이다.

냉탕에서 너무 열심히 논 탓일까? 그날 밤 덕지는 머리가 아프고 콧물도 난다. 그때 대야에서 선녀님이 나오더니, 머리를 만져 주면서 덕지에게 요구룽(요구르트) 고맙다며 얼른 나으라고 말한다. 그러자 거짓말처럼 감기가 싹 낫는다.

날개옷을 잃어버리고 하늘로 올라가지 못한 선녀님, 나이 들어 할머니가 될 때까지 장수탕에서 사람들이 요구르트 마시는 모습을 부러운 눈으로 바라보는 선녀님은 어쩐지 짠하다. 집을 잃은, 엄마를 잃은, 고향을 잃은 선녀님은 원초적 상실이 영원한 상실이 된 존재다. 그는 날개옷을 잃어버린 연못을 상징하는 장수탕을 평생 벗어나지 못하고 늙어 간다. 선녀님은 본래 신의 영역에 속하지만, 그림책에서는 최초의 상실감을 안고 살아간다는 점에서 인간과 매한가지로 그려진다.

그 선녀님 눈에 유독 외로워 보이는 아이, 덕지가 들어온다. 목욕탕에 올 때마다 늘 엄마 눈치를 보는 아이, 때 미는 걸 싫어하지만 요구르트 하나 얻어먹으려고 꾹 참는 아이, 엄마 곁에 살갑게 붙어 앉지도 못하고 또래 친구도 찾지 못하는, 그래서 혼자 냉탕에서 이런저런 장난이나 치는 아이. 선녀님은 덕지가 장수탕에 올 때마다 눈여겨봤는지도 모른다.

선녀님은 자신이 날개옷을 잃은 것처럼 엄마에게서 받던 최초의 사랑을 잃은 덕지에게 동질감을 느낀다. 그래서 선녀님은 덕지가 혼자 놀 때보다 훨씬 재미나게 냉탕에서 같이 놀아 준다. 자기만의 놀이 방법도 전수해 가면서. 그러자 덕지는 싫어하는 때 밀기를 꾹 참고 얻은 귀한 '요구룽'을 선녀님에게 준다. 덕지를 위로하려 했던 선녀님은 덕지의 '요구룽'으로 더 큰 위안을 얻는다. 덕지가 감기에 걸리자 선녀님은 장수탕을 떠나 덕지의 방까지 찾아온다. 뜨거운 이마를 식혀 주려고 말이다.

덕지의 '요구룽'은 오랜 시간 장수탕에 갇혀 있던 선녀님에게 용기를 주었다. 어쩌면 선녀님은 이제 하늘로, 자기 집으로 날아갈 수도 있지 않을까? 선녀님이 장수탕에만 있었는지 어떻게 아느냐고? 이전에 그곳을 벗어나 본 적이 있다면, 덕지를 만나기 전까지 그토록 맛있는 '요구릉'을 몰랐을 리 없다.

그래서 우리에게는 위로가 필요하다

이제 덕지를 보자. 엄마 품 대신에 언어의 품, 법의 품으로 나아가야 하는 어린 덕지에게 세상은, 적어도 장수탕의 세상은 친절하지 않다. 카운터에서 돈을 받는 주인의 얼굴에 담긴 삭막함이 그렇고, 무엇보다도 엄마의 매몰차고 무표정한 얼굴이 그렇다. 엄마와의 분리를 앞둔 아이의 눈에는 엄마가 때로는 마녀, 때로는 악당처럼 험상궂고 못되고 매몰차게 비칠 수밖에 없다.

장수탕에서 덕지에게 유일하게 안식을 주는 대상은 달콤하고 시원한 요구르트다. 덕지에게 요구르트는 배고픔이라는 본능과 상관없이 구강 충동을 아쉬우나마 만족시켜 주는 대상이다. 그 작은 쾌락을 맛보기 위해 덕지는 때 미는 고통도 감수한다. 이제는 엄마가 채워 주지 않는 것, 그것을 채우기 위해 덕지에게 꼭 필요한 것이 요구르트이기 때문이다.

그런데 덕지도 알고 있는 〈선녀와 나무꾼〉의 주인공, 하지만 이미 늙어 버린 선녀님이 갑자기 모습을 드러냈다. 그것도 장수탕 냉탕 안에서. 덕지는 선녀라고 주장하는 할머니와 냉탕에서 신나게 논다. 그 할머니와 함께 폭포수 아래서 버틸 때는 든든했고, 바가지 타고 물장구칠 때는 동지 의식을 느낀다. 탕 속에서 같이 숨을 참을 때, 덕지는 위기의 순간에 손을 맞잡을 수 있는 든든한 어른으로서 할머니를 의지하기도 한다.

덕지는 장수탕 선녀님을 만남으로써 세상에 엄마 말고도 자기를 지지해 줄 또 다른 타자가 존재한다는 것을 알게 된다. 엄마의 욕망에서 벗어나 자신의 욕망을 찾아가야 하는 순간, 낯설고 무서운 세상 한편에 자신을 지켜 줄 것 같은, 엄마 아닌 또 다른 '어른' 타자의 존재를 경험한 것이다.

덕지는 장수탕에 가는 유일한 즐거움인 요구르트를 선녀님에게 선뜻 양보한다. 오롯이 자기 몫이 될 '먹는 즐거움'을 억누르고서 말이다. 눈앞의 달콤함보다 자신의 존재를 인정해 주고 지지해 주는 타자, 그러나 그 또한 완벽하지 못하고 결여된 존재로서의 타자를 인정하고 배려하는 모습이다.

선녀님이 완벽한 신적 존재로만 그려졌다면 지금처럼 재미있지 않았을 것이다. 마음만 먹으면 덕지네 집 대야에도 나타날 수 있고 단 한 번 손길만으로 감기도 낫게 할 수 있는 전능한 선녀님이 장수탕 한구석에서 요구르트를 갈망한다는 것, 덕지보다 요구르트를 확보하기가 어렵다는 것이 이야기에 재미를 더한다. 그 조그만 결여는 덕지가 내미는 '요구룽'으로 해소된다. 어린 덕지의 작은 배려는 장수탕에서 늙어 버린 선녀님을 장수탕 밖으로 이끌어 내는 원동력으로 작용하면서 선녀님도 한 단계 성장시킨다.

우리는 타자를 통해 결여를 해결하고 싶어 하고 존재의 의미를 알고 싶어 하지만, 타자 또한 결여된 존재이기 때문에 우리에게 확실한 답을 줄 수가 없다. 상징계의 타자가 가지고 있는 것은 비어 있는 시니피앙일 뿐이다. 어디엔가 답이 있으리라는 희망만을 포함한 시니피앙 말이다. 그래서 우리 모두에게는 늘 위안이 필요하다. 심지어 타자까지도 말이다.

원하면 언제든 들을 수 있는 마음소리 《알사탕》

앞서 아이가 원초적 상실감을 극복하는 하나의 방법으로 '포르트-다' 놀이(실패 놀이)를 말한 바 있다. 실패를 던지고 잡아당기는 행위를 반복하면서 어머니의 부재와 현존을 아이 스스로 통제한다고 느끼려는(그렇게 해서 위안을 얻으려는) 심리가 반영된 놀이다. 이와 비슷한 심리를 보여 주는 그림책 《알사탕》(백희나 지음, 책읽는곰, 2017)을 살펴보자.

동동이는 오늘도 혼자 논다. 혼자 노는 것도 나쁘지 않다고 스스로를 달래며 아이는 혼자 구슬치기를 한다. 어느 날 동동이는 구슬을 사려고 문방구에 갔다가 알록달록한 알사탕을 사 온다. 그런데 사탕을 하나씩 먹을 때마다 소파, 구슬이, 아빠, 할머니, 나뭇잎의 속마음이 들린다. 동동이는 사탕을 통해 주변의 속마음을 따라가다가 드디어 친구를 만들게 된다.

유일한 양육자인 아빠는 잔소리만 하고, 유일하게 의지하는 반려견 구슬이도 자기랑 놀아 주지 않는다. 아이는 외롭지만, 친구를 사귈 용기가 없다. 그러던 차에 갖게 된 알사탕은 아이에게 비어 있는 시니피앙이다. 알사탕 색깔은 동동이의 마음을 투영한다. 어디서 본 듯한 무늬가 그려진 첫 사탕을 먹고서 소파의 속마음을 듣게 된 동동이는 그다음부터는 알사탕에 욕망을 담는다. 즉, 비어 있는 시니피앙의 자리에 하나씩 자신의 욕망을 투영한 것이다.

동동이가 부담 없이 놀 수 있는 유일한 친구는 구슬이인데, 그동안 구슬이가 자기랑 놀아 주지 않아 아이는 섭섭했다. 그래서 구슬이 털 색깔과 비슷한 사탕을 입에 넣어 본다. 예상대로 구슬이가 말을 한다. 동동이는 구슬이가 늙어서 움직이기를 귀찮아할 뿐 결코 자기를 싫어하는 게 아니라는 사실을 알게 된다. 이것은 동동이에게 매우 중요한 사건이다. 다른 친구들이 놀아 주지 않는 것도 자기를 싫어해서가 아닐 수 있음을 알게 됐으니까.

이번에는 아빠다. 그림책 한 면을 빽빽이 채울 만큼 시도 때도 없이 잔소리를 해 대는 아빠가 동동이는 몹시 지겹다. 동동이는 아빠

수염처럼 겉면이 까칠한 사탕을 골라 입에 넣고 잠자리에 든다. 자기 전에 뭘 먹으면 안 된다는 잔소리를 어겨서라도 아빠에게 복수하고 싶었던 것이다. 그런데 밤늦게 설거지하는 아빠의 속마음이 이불 속에 있던 동동이에게 전해져 온다. 사랑해, 사랑해, 사랑해……. 아빠의 사랑은 끝이 없었다. 동동이는 마음이 뭉클해져서 슬그머니 밖으로 나가 아빠의 등을 껴안는다. 동동이의 어색한 표정과 갑작스러운 아들의 포옹에 당황하면서도 싫지 않은 듯한 아빠의 표정이 재미있다.

분홍색 사탕을 집어 들었지만 동동이는 분홍색과 관계있는 사람을 떠올리지 못한다. 그러나 동동이의 무의식이 그리운 할머니를 사탕에 투영한다. 할머니는 엄마를 대신하는 최초의 양육자로 짐작된다. 분홍색 사탕 속에는 풍선껌이 들었는데, 껌으로 분 풍선이 터지면서 할머니 목소리가 흘러나온다. 동동이는 풍선껌을 식탁 밑에 잘 붙여 둔다. 이제 언제든 마음만 먹으면 동동이는 할머니 목소리를 들을 수 있다. 할머니가 생각날 때면 분홍색 풍선껌만 씹으면 된다. 원할 때면 할머니의 목소리와 만날 수 있는 것이다. 프로이트가 관찰한 아이가 포르트-다 놀이를 통해 어머니의 부재와 현존을 통제했던 것처럼 동

동이는 분홍색 풍선껌을 통해 할머니 목소리의 부재와 현존을 통제하면서 마음에 위안을 얻게 되었다.

구슬이와 아빠와 할머니의 사랑을 확인한 동동이는 용기를 얻어 단풍잎 색깔 사탕을 먹고 밖으로 나간다. 빨갛고 노랗게 물든 단풍 세상이 온통 동동이를 반긴다. 동동이는 마지막으로 남은 투명한 사탕을 빨아 보지만, 이번에는 아무 소리도 들리지 않는다. 그 사탕은 그냥 보통 사탕이었을 수도 있다. 그렇지만 주변의 사랑으로 자기 존재감을 높인 동동이는 단풍이 멋진 공원에서 낯선 친구에게 먼저 말을 건넨다. 뒤쪽 면지에는 새로 사귄 친구와 신나게 킥보드를 타고 노는 동동이가 보인다. 알사탕으로 위로받고 용감해진 동동이는 이제 더는 외롭지 않을 것이다.

2 죽고 싶다는 말, 정말일까?

프로이트가 활동하던 시기를 히스테리의 시대라고 한다면, 현대는 우울증의 시대다. 우울은 뭔가를 상실했을 때 느끼는 감정이다. 그것은 눈에 보이는 대상일 수도, 기회일 수도, 추상적인 어떤 것일 수도 있다. 그런데 무얼 잃어버렸다고 느끼려면 그전에 가진 게 있어야 한다. 현대는 이전보다 가진 게 많은 시대다. 따라서 잃을 것도 훨씬 더 많아졌다. 결국, 현대의 풍요로움이 역설적으로 우울증의 대유행을 가져왔다고 말할 수도 있을 것이다.

인터넷에 떠도는 우울증 자가 검진을 해 보면 대부분 우울증이라는 진단이 나온다. 수치가 높다 싶으면 불안해져서 정말 우울증이 아닐까 걱정하기도 한다. 우울증이라는 말이 너무 흔해진 탓이다. 그런데 그런 걱정을 하는 순간, 걱정은 정말 우울로 바뀔 수 있다.

말로 표현하는 순간, 감정이 언어를 따라 움직이기 때문이다. 언어가 현실을 만들어 내는 것이다. 우리가 흔히 하는 "믿는 대로 된다."라는 말은 언어화된 믿음 자체가 현실이 될 수 있음을 상기시켜 준다. 그러므로 단순한 우울감과 치료가 필요한 우울증의 차이를 구분할 필요가 있다.

정신분석학에서 우울증을 다룬 논의는 프로이트의 〈애도와 멜랑콜리〉(Trauer und Melancholie)라는 짧은 논문에서 볼 수 있다. 애도는 대상을 잃어버림으로써 느끼는 슬프고 우울한 감정이다. 주체는 상실한 대상에게 투자했던 리비도가 자아에게 다시 돌아오고, 그것을 다른 대상에게 투자하게 되기까지 우울을 겪는다. 자아에게 되돌아온 리비도가 새로운 대상에게 투자되면 애도 작업이 끝나면서 비로소 우울에서 벗어난다. 반면, 멜랑콜리는 대상을 잃어버린 슬픔이 자기 비난으로 변하는 병증이다. 애도는 가벼운 우울감부터 치료가 필요한 병증이 포함된 우울증까지 포함되지만, 멜랑콜리는 정신증적 우울증으로 치료가 힘든 심각한 우울증이다.

대상을 상실한 뒤 애도가 진행되는 시기에는 자아의 억제와 제한이 나타난다. 대상의 상실 때문에 생기는 슬픔과 우울한 감정이 자아를 위축시키고 자아의 활동을 축소시킨다. 아무것도 하고 싶지 않고, 아무도 만나고 싶지 않다. 고통 때문에 바깥세상에 무관심해지고, 또다시 누구를 사랑할 마음도 생기지 않는다.

멜랑콜리는 여기에 더해 자아가 스스로를 비난하고 처벌하는 망상으로까지 발전한 병증이다. 물론 애도에도 자기 비난이 있을 수 있다. 하지만 애도에서 자기 비난은 분열적이다. 상실에 책임과 죄의식을 느끼면서도 한편으로는 자기만 나쁜 것은 아니라며. 어찌 보면 죄의식을 면제받기 위한 자기 비난일 수 있다. 이에 견주어 멜랑콜리 환자가 자신을 나쁜 놈이라고 표현한다면, 그는 정말로 자신을 나쁜 놈으로 생각하는 것이다.

이처럼 멜랑콜리의 자기 비난은 분열 없이 작동한다. 보통의 말이 말 속의 주체와 말하는 주체로 분열되는 반면, 멜랑콜리 환자의 언어는 통째로 말해진다. 그 이면이 없는 것이다. 은유가 작동하지 않는 언어, 다시 말해 정신증적 구조에서 사용되는 언어와 같은 맥락이다. 누가 죽고 싶다고 말했을 때, 애도 과정에 있는 사람이라면 사실은 간절히 살고 싶다는 의미를 내포한다. 그러나 멜랑콜리 환자가 죽고 싶다고 말했다면, 그것은 진짜로 죽고 싶은 것이고 끝내 죽음을 시도할 것이 예측되기 때문에 아주 위험한 상태일 수 있다.

상실 대상에 있어서도 애도는 상실한 대상을 분명히 알고 있지만 멜랑콜리는 그 대상이 분명치 않다. 주체는 상실감에 괴로워하면서도 정작 무얼 잃어버렸는지 그 대상이 모호하다. 또한, 애도를 거치는 사람들은 애도 작업을 통해 상실로 인한 우울증에서 벗어나 정상적인 생활을 하게 된다. 반면에 멜랑콜리의 경우에는 그 내적 작업을 거치면서 오히려 극도의 자기 비난이라는 망상에 빠짐으로써 좋지 않은 결과에 도달한다.

마음이 흐려질 즈음 찾아온 애도의 끝
《미영이》

대상을 상실한 이후 애도 작업이 진행 중인 아이의 이야기, 그림책 《미영이》(전미화 지음, 문학과지성사, 2015)를 통해 애도에 관해 좀 더 살펴보겠다.

화장실에 간다던 엄마가 오지 않는다. 아무리 기다려도, 생일에도 오지 않는다. 그렇게 미영이는 식구가 많은 집의 가사도우미로 들어가게 된다. 또래 아이는 학교에 다니지만, 미영이는 일하느라 바빠 한글조차 제대로 배우지 못한다. 어느 날 길 잃은 강아지가 그 집에 들어온다. 미영이는 귀찮아도 강아지를 돌볼 수밖에 없다. 처음에 입고 왔던 옷도 신발도 작아졌는데, 엄마는 오지 않는다. 엄마 기억이 흐려질 무렵 드디어 엄마가 찾아온다.

표지를 넘기면 한 아이가 정류장에서 버스를 보내는 장면이 나온다. 버스를 기다리는 게 아니라 버스를 타고 올 누군가를 기다린다. 이 아이가 하염없이 기다리는 사람은, 자기를 두고 떠난 엄마다.

아이는 성장 과정에서 엄마와 이별함으로써 상징계로 들어선다. 원초적 상실감을 남기는 이 경험은 성인이 되어서도 이별을 두렵게 만드는 트라우마로 작용한다. 이때 엄마와의 이별은 상징적이다. 실제로 엄마가 어디론가 떠나는 게 아니라 정신적으로 분리된다는 의미이다.

미영이는 어린 나이에 엄마와 헤어졌다. 엄마가 미영이만 두고 '진짜' 떠났다. 아직 스스로 독립하기 힘든 나이에 홀로 남겨진 미영이의 불안은 누구보다 컸을 것이다. 더군다나 엄마는 아무것도 설명해 주지 않고 미영이 곁을 떠났다. 상황을 이해할 수 있게 설명해 주는 일은 주체에게 믿음이라는 환상을 만들어 준다. 환상은 힘든 현실을 견디는 버팀목이 된다. 그런데 미영이 엄마는 '말없이' 떠났다. 그러니 때가 되면 돌아오리라는 믿음도 미영이는 가질 수 없다.

미영이가 가사도우미 생활을 하는 집에는 식구가 많다. 식구 많은 집은 일이 많을 테고, 당연히 미영이의 삶은 더욱 고달팠을 것이다. 하지만 그보다 더 미영이를 힘들게 한 것은 그들이 보여 주는 온전한 가족의 화목함이었다. 또래인 주인집 아이가 대가족 속에서 받는 일상적인 사랑은 미영이의 불행을 더 부각한다. 그들의 평범한 일상과 자신의 처지를 비교하는 데서 오는 상대적 박탈감은 육체노동의 고통에 비할 바가 아니었을 것이다.

엄마가 돌아오리라는 환상이 없는 미영이는 그 집에서 지내는 시간이 정말 견디기 힘들었을 것이다. 한창 보호받아야 할 시기에 홀로 남겨졌기에 미영이의 상실감은 더 크고 오래갔다. 그 집에는 식구들이 많았지만, 누구도 미영이를 가족으로 대하지 않았다. 미영이 또한 누구에게도 마음을 주지 못한다. 사랑하는 능력을 상실했기 때문이다. 미영이는 사람들에게, 아니, 세상에 아예 관심이 없었다. 애도의 고통 속에 자아가 억제되어 있으니 그럴 수밖에 없다. 그래서 미영이는 늘 화난 모습이다.

어느 날 그 집 아이가 엄마에게 묻는다. 미영이는 왜 항상 화가 나 있느냐고. 고집이 세서 그렇다는 제 엄마 말에 아이는 그래서 미영이는 엄마가 없느냐고 되묻는다. 그 말은 미영이 가슴에 못이 되어 박힌다. 엄마의 부재가 자기 책임으로 돌아올 때, 미영이의 자아는 더욱 쪼그라들 수밖에 없다. 아파도 돌봐 주는 이 없는 현실, 사랑하고 사랑해 줄 대상이 없기에 미영이는 자신을 버린 엄마를 더욱 잊지 못한다. 상실한 대상에 대한 리비도의 철회가 제대로 이루어지지 않고 있다.

미영이의 애도 과정은 한없이 길어진다. 엄마의 기억을 나눌 대상이 없는 것도 문제였다. 잊지 못할수록 미움도 커진다. 미영이의 마음속에는 여전히 사랑과 증오를 오가는 양가감정이 존재했다.

미영이의 지난한 애도 과정을 촉진해 준 매개체는 강아지다. 미영이가 일하는 집에서 길 잃은 강아지를 거두면서, 강아지 돌보는 일은 미영이 몫이 된다. 가뜩이나 일이 많은 미영이는 강아지가 반갑지 않다. 하지만 그것은 의식 차원의 불만이었을 뿐, 미영이는 자신을 다독이듯 강아지를 품어 준다. 밤마다 외로움과 두려움으로 우는 강아지에게 자기 손가락을 물려 준다. 어느새 엄마로부터 리비도를 회수하여 강아지에게 투자하는 것이다.

입고 왔던 옷과 신발이 모두 작아질 만큼 시간이 흐르면서 미영이의 미움은 차츰 흐려진다. 엄마 따위는 보고 싶지 않다고 화내던 미영이는 가끔 엄마가 정말 자기를 잊은 것인지 궁금해진다. 한편으로는 오지 못하는 엄마에게 혹시 무슨 사정이 있지는 않은지 걱정하는 마음도 들기 시작한다. 대상이 대체되면서 미영이의 마음에 여유가 생긴 것이다. 미영이의 애도 작업이 끝나 간다는 뜻이다.

그 무렵 전혀 생각지도 못하게 엄마가 돌아오고, 미영이는 엄마와 함께 그 집을 떠난다. 자기가 고생한 것을 들키지 않으려고 설거지하던 손을 숨길 만큼 성숙해진 미영이는 역시 설거지 냄새가 나는 엄마 손에서 그동안 자신을 찾지 못한 엄마의 사정을 헤아린다. 그리고 따뜻한 마음으로 그 손을 잡는다.

미영이의 애도를 도와준 강아지는 어떻게 됐을까? 미영이가 엄마 손을 잡고 진짜 '집'으로 향할 때 강아지는 미영이 뒷모습을 보며 꼬리를 흔든다. 책장을 더 넘기면 엄마 손을 꼭 잡은 미영이가 다른 한 손으로 강아지를 쓰다듬으며 버스를 기다리는 장면이 보인다. 강아지도 미영이 가족이 된 것이다.

아이와 함께 엄마도 자란다
《메두사 엄마》

　상실과 애도에 관련된 그림책을 한 권 더 보자. 《메두사 엄마》(키티 크라우더 지음, 김영미 옮김, 논장, 2018)는 엄마의 욕망에 관한 이야기이면서, 다른 한편으로는 사랑의 상실로 극심한 대인 기피와 우울증에 빠졌던 어머니가 아이를 낳아 기르는 과정에서 자신을 치유해 가는 이야기로도 읽힌다.

　그림책은 메두사가 외딴집에서 아이를 낳는 장면으로 시작한다. 신화 속 메두사는 포세이돈에게 겁탈당하고 그 때문에 아테나의 저주를 받으면서 세상과 철저히 고립된 채 비참한 최후를 맞는다. 그림책은 신화를 그대로 재현하지는 않았지만, 주인공 메두사는 신화 속 메두사를 닮은 구석이 많다. 메두사는 신비한 힘을 가진 머리카락을 앞세워 공포심을 조장하고, 마을 사람들은 그런 메두사를 꺼리고 두려워한다. 과거에 무슨 일이 있었는지 알 수 없지만, 메두사가 남편 없이 홀로 아이를 낳고 키운다는 점에서 그의 트라우마를 짐작할 수 있다. 어쨌든 메두사는 과거에 큰 상실을 겪었고, 그 일로 사람들을 꺼리게 되었으며, 스스로를 위협적인 존재로 무장한 채 은둔하게 되었으리라는 짐작이 가능하다.

아무리 무시무시한 메두사라도 머리카락의 힘만 가지고 아이를 낳을 수는 없었다. 메두사는 어쩔 수 없이 마을의 산파에게 도움을 청한다. 산파들은 두려움을 무릅쓰고 메두사를 찾아와 기꺼이 아이를 받아 준다. 메두사는 분만 과정에서 투덜거리는 작은 산파를 머리카락으로 꽁꽁 묶어서 들어 올린다. 하지만 큰 산파가 내려놓으라고 엄하게 말하자 슬그머니 여자를 내려놓는다. 또 무사히 아이를 낳은 뒤에는 두 산파에게 외투까지 집어 주며 상냥하게 배웅한다. 트라우마 때문에 고립된 삶을 선택했을 뿐, 메두사가 이유 없이 먼저 사람에게 해를 끼친 적은 없을 것이라고 짐작할 수 있다. 사람들 또한 메두사가 손을 내밀면 언제든 잡아 줄 만큼 호의를 가지고 있음을 알 수 있다.

메두사는 상실을 겪고 세상과 담을 쌓은 뒤 자기 안에 꽁꽁 숨어 버린 사람이다. 메두사가 아이를 안고 마을에 나타났을 때 사람들은 진심으로 모녀를 환영한다. 그런데도 메두사는 그들을 믿지 못해 다시 숨어 버린다. 이리제는 자기 몸의 일부이기에 안전하고 믿을 수 있는 특별한 대상이다. 메두사가 상실한 것이 사랑하는 사람이었든 사람에 대한 신뢰였든, 상실 대상에게서 회수한 리비도는 자기가 낳은 이리제에게 자연스레 투자되었다. 하지만 메두사는 여전히 세상과의 소통을 거부한 채, 유일한 무기인 머리카락 안에 자기와 이리제를 꽁꽁 숨기고 살아간다. 그러다가 이리제로 인해 서서히 변화가 시작된다.

어느 날 이리제는 바닷가 바위에서 노는 아이들을 부러운 눈으로 바라본다. 그러더니 아이들을 따라 학교에 가고 싶다고 말한다. 메두사는 이를 허락하지 않고, 머리카락으로 이리제를 꽁꽁 싸맨 채 직접 글을 가르친다. 이리제는 엄마의 머리카락 속에서 엄마 흉내를 내며 장난을 치기도 한다. 메두사는 그 모습을 아주 흐뭇하게 바라본다. 메두사는 아이가 자기처럼 무시무시한 존재로 살아가기를, 그래서 아무에게도 무시당하거나 상처받지 않기를 바랐다.

그러나 엄마한테 글을 배운 이리제는 더욱더 학교에 가고 싶어 한다. 어쩌면 당연한 일이다. 언어는 세상과 소통할 수 있는 도구로서 주체를 시니피앙화하기 때문이다. 이제 엄마를 벗어나 세상으로부터 이름을 부여받고 타인과 관계를 시작해야 할 시기가 온 것이다. 메두사는 결국 아이를 학교에 보낸다. 사실 메두사는 세상을 적으로 돌릴 만큼 큰 트라우마를 안고 있기에 이리제에게 지나치게 집착할 위험이 있었다. 하지만 그는 그러지 않았다. 이리제를 학교에 보냈을 뿐 아니라, 그 자신도 밖으로 나온다. 이리제를 키우는 동안 서서히 그의 상처가 치유되었기 때문이다.

짧은 머리 휘날리며 세상 속으로

　엄마를 밖으로 끌어낸 이리제는 메두사에게 조가비 안쪽의 무지갯빛 진주층과 같은 존재다. 이리제는 껍질만 남은 조가비 같던 메두사 안에서 아름다운 진주로 자라난다. 상실로 인한 결여의 자리는 그렇게 메워진다.(물론 완전히 메워지는 건 불가능하지만.) 하지만 메두사는 알고 있다. 이리제를 사랑한다면 세상으로 내보내야 한다는 것을. 이리제가 진주라면 메두사의 결여를 메우는 데서 멈추지 않고 세상 속에서 빛을 내야 한다.

　이리제는 메두사의 머리칼 속에서 자랐다. 메두사는 사람들이 이리제를 만지지 못하게 했고, 되도록 들로 산으로 바다로 다니면서 자연과 더불어 사는 쪽을 택했다. 하지만 메두사는 자기도 모르는 사이에 세상과 가까워지고 있었다. 이리제와 함께하면서 생긴 자연스러운 변화였다. 먼저 아이들이 놀고 있는 곳에 이리제를 데려간 것부터 심상치 않다. 이리제의 시선이 완전히 아이들에게 꽂혀 있다는 걸 알면서도 메두사는 굳이 그 자리를 피하지 않는다. 이리제가 학교에 가고 싶어진 것도 따지고 보면 메두사가 원인을 제공한 것이다. 비록 아이들이긴 하지만, 어느새 사람에 대한 메두사의 경계심이 크게 누그러졌다.

　메두사가 이리제에게 직접 글을 가르친 점도 놀랍다. 글은 엄마의 말이 아닌 세상의 말을 표현하며 시니피앙을 대표한다. 글을 배운다는 것은 이리제가 곧 엄마를 떠나 언어의 세계로 들어가게 될 것임을 암시한다. 세상의 법 안에서 욕망하는 주체가 될 날이 얼마 남지 않았다는 뜻이다. 그러니까 이리제가 갈수록 세상 아이들을 그리워하고 점점 더 학교에 가고 싶어 하는 것은 당연한 수순이다.

이리제의 욕구가 커지자, 메두사는 결국 아이를 학교에 보낸다. 그리고 하교 시간에 이리제를 데리러 직접 학교에 간다. 상실한 대상에게서 회수한 리비도를 이리제에게 투자하면서 메두사는 트라우마를 극복할 수 있었다. 세상과 사람에 대한 두려움을 털고 그들과 소통하고자 하는 욕구를 키웠고, 그 결과 아이를 학교에 보낼 용기가 생겼다. 그러니까 메두사가 이리제를 학교에 보내기로 한 순간, 스스로도 세상 속으로 나아가리라 결심한 것이다.

메두사가 머리를 짧게 자르고 학교를 찾아온 것은 매우 상징적인 사건이다. 메두사의 머리카락은 사람들에게 무시무시한 공포의 상징이었다. 따라서 그가 짧은 머리로 학교에 등장한 것은 메두사가 더는 위협적인 존재가 아님을 공식적으로 알리는 사건이다. 자신의 리비도를 세상의 다른 대상을 향해서도 투자할 수 있게 되었다는 뜻이기도 하다. 사람들은 무시무시한 머리카락을 스스로 제거한 메두사를 따뜻하게 맞아 주었고, 메두사는 드디어 진정한 마을 주민이 되었다.

한편, 이리제의 머리 변화에도 주목할 필요가 있다. 메두사는 이리제를 키우면서 한 번도 아이의 머리카락을 드러낸 적이 없다. 이리제의 머리는 늘 두건으로 꽁꽁 싸매져 있었다. 세상과 세상 사람들에 대한 두려움 때문에. 그러나 메두사가 학교에 가서 이리제를 안아 올렸을 때, 이리제의 두건은 어느새 사라지고 엄마처럼 짧은 머리카락이 바람에 휘날린다. 메두사가 이리제의 두건을 벗긴 것은 이리제의 머리카락에 막강한 힘이 없더라도 더는 사람들을 두려워 하지 않아도 된다는 믿음이 생겼기 때문일 것이다. 상실로 인한 트라우마 때문에 세상과 담을 쌓고 자기만의 세계에 갇혀 있던 메두사는 이처럼 이리제의 성장과 더불어 애도를 끝내고 세상 밖으로 나오게 되었다.

고립과 단절 속에서 마침내 발견한 《빨간 나무》

《빨간 나무》(숀 탠 지음, 김경연 옮김, 풀빛, 2019)는 우울감을 호소하는 사람들이 가장 마음에 와닿는 그림책으로 손꼽는 작품이다. 우울할 때 보면 지금 내 마음을 정말 잘 알아 주는 것 같아서 저도 모르게

울컥하게 만드는 힘이 있다. 우울한 사람들의 마음에 담긴 어두움, 답답함, 절박함, 압박감, 그 와중에 느끼는 절망감까지 우울의 심리를 한 장 한 장 섬세하고 세밀하게 표현했다.

한 사람이 창백한 얼굴로 확성기를 들고 말하는 장면으로 이야기는 시작된다. 몸을 지탱하는 의자는 너무 작아 위태로워 보이고 확성기는 너무 커서 감당하기 버겁다. 주눅 든 모습으로 뭐라고 말해 보지만, 그 말들은 세상을 향해 날아가지 못하고 주르르 풀밭에 떨어져 흩어지고 만다. 그는 지금 누구와도 소통할 수 없는 상태다.

그는 말할 수 없이 우울해 보인다. 우울은 대상의 상실에서 비롯된다고 말한 바 있다. 그가 잃어버린 것이 무엇인지는 알 수 없지만, 그는 어떤 대상을 상실하고 애도 과정에서 고통을 겪고 있는 듯하다. 애도 중에는 자아가 억제되고 내가 속한 세상이 빈곤해진다. 그도 그런 상태다. 세상과 단절된 주인공에게 하루의 시작은 아무 의미가 없다. 어떤 희망도 어떤 욕망도 가질 수 없다. 날마다 죽은 나뭇잎 더미에 파묻혀 있는 그는 몸도 마음도 무겁기만 하다.

우울에 갇힌 마음속 어둠은 도시의 빛을 가릴 만큼 거대한 물고기의 형상으로 세상과 그를 덮친다. 세상과 단절된 그는 유리병에 갇힌 걸로도 모자라 크고 단단한 철모를 뒤집어쓴 모습으로 그려진다. 그는 아무도 자기를 이해해 주지 않는다고 항변한다. 하지만 단절을 주도한 장본인은 바로 그다. 닫힌 세상 밖에서 문을 두드리는 게 아니라, 스스로 유리병 안에 들어가 철모를 쓰고 있으니 말이다.

그에게는 이미 세상이 안중에도 없기에 세상의 말이 들리지 않는다. 세상을 귀머거리 기계로 만든 것은 바로 그 자신이다. 곁을 오가는 수많은 사람은 모두 그에게 마음도 머리도 없는 기계로 보인다. 그 속에서 그는 외로운 섬처럼 떠 있다.

그는 광활한 대지 위에 홀로 서서 뭔가를 기다린다. 무엇을 기다리는 걸까? 상실한 대상에 투자했던 리비도가 다시 자신에게로 돌아오기를 기다리는 것은 아닐까? 리비도가 돌아오면 삶의 충동이 충만해진다. 자아는 다시 리비도를 투자할 대상을 찾아 바쁘게 움직일 테고, 리비도 투자의 마법 덕분에 세상은 밝아지고 살 만한 곳으로 변하게 될 테니까. 그런 의미에서 그가 절망적인 상황 속에서도 뭔가를 기다린다는 것은 아주 긍정적인 신호다.

그러나 그는 깨닫지 못했다. 그가 혼자만의 세계에 갇혀 스스로 세상과 단절된 순간에도 리비도는 그의 주변에 있었다는 것을. 그가 애도를 끝내고 불러 주기만을 기다린다는 것을. 리비도를 상징하는 작은 나뭇잎은 온통 회색빛인 그의 세계에서 그것만이 유일한 생명의 에너지임을 증명하듯 선명한 빨간색이다.

그는 점점 지쳐 간다. 애써 참고 있던 모든 감정이 한꺼번에 터진다. 그의 마음속 세상은 흔들리고 거대한 물에 휩쓸린다. 그는 위태로운 조각배에서 초라한 수건 한 장을 돛 삼아 이리저리 흔들린다. 오로지 혼자서. 그런 뒤집힘 속에서도 변한 것은 아무것도 없다는 점이 그를 다시 절망하게 한다. 그는 여전히 자기 안에 갇혀 바깥의 변화를 감지하지 못한다. 아름다움도 모두 그를 무심히 스쳐 지나갈 뿐이다. 결국, 그 안의 세상은 붕괴될 위험에 빠진다. 그도 이제는 끔찍한 운명을 피할 수 없다고 단정한다.

아무리 터뜨리고 외쳐도 그 외침이 자기 안을 벗어나지 못한다. 철저히 고립된 그는 조금씩 침몰한다. 그의 세상에는 타자도 타인도 존재하지 않는다. 자신의 정체성을 일깨우는 매개가 될 타자적 이미지, '이마고'가 어디에도 없는 것이다. 그가 먼저 외면한 세상은 빈곤하기 이를 데 없고, 세상 어디에도 그의 자리는 보이지 않는다. 상실한 대상에게서 리비도를 철회하는 일은 그토록 고통스럽다.

그러던 어느 날 방문을 열었을 때, 그는 드디어 자신에게 돌아온 빨간 나뭇잎을 발견한다. 그는 자신이 무너지기 직전에 한없이 쪼그라든, 초라한 자아의 한구석에서 아주 작게 솟아오르는 에너지를 느낀다. 지난하고 고통스러운 애도 작업에 드디어 마침표가 찍히는 순간이다. 돌아온 리비도는 무럭무럭 자란다. 순식간에 그의 마음 전체를 가득 채울 만큼 커다란 빨간 나무로 말이다. 그것은 어딘가에 있을 새로운 대상을 위해 준비된 리비도다. 이제 그에게는 새로운 리비도의 마법이 펼쳐질 것이다. 그의 얼굴에는 발그레 핏기가 돌고 입가에는 살그머니 미소가 퍼진다.

우울한 독자들이 이 책을 좋아하는 이유는 무엇일까. 삭막하고 고통스러운 주인공의 모습이 마치 독자를 대변하는 듯하면서도 결국은 그 고통 속에서 리비도의 마법을 볼 수 있겠다는 희망이 마지막에 펼쳐지기 때문일 것이다.

> **이마고**
>
> 주체가 주관적으로 자기 것으로 받아들이는 다른 사람들의 이미지를 말한다. 아버지의 이마고, 어머니의 이마고, 친구의 이마고 등 자신을 비출 수 있는 모든 대상이 아마고가 될 수 있다. 거울 단계는 이마고의 특수한 형태라고 볼 수 있는데, 이와 같은 이마고는 주체를 소외시키면서 다른 한편으로 자아 형성을 돕는다.

멜랑콜리에 가까운 고통의 애도
《내가 가장 슬플 때》

ⓒ 김기택 옮김, 비룡소

대상의 상실에서 오는 슬픔이 발전하여 자기 비난에까지 이르게 되는 예를 그림책에서 찾기는 쉽지 않다. 멜랑콜리는 정신증적 우울증이기 때문이다. 그림책《내가 가장 슬플 때》(마이클 로젠 글, 퀜틴 블레이크 그림, 김기택 옮김, 비룡소, 2004)는 실제로 아들을 잃은 마이클 로젠

224

의 슬픔과 절망을 절절하게 묘사한다. 대상의 상실로 인한 극도의 고통이 상당히 사실적으로 그려졌다. 이 작품에서 우리는 멜랑콜리적 증상을 어느 정도 발견할 수 있다.

로젠은 아들 에디를 잃었다. 첫 장면에 웃고 있는 로젠이 나온다. 행복한 척 웃는 표정 뒤에 숨겨진 진한 슬픔이 그의 웃음을 공허하게 만든다. 사랑하는 아들을 잃은 로젠의 세상은 온통 암흑이다. 슬픔에 갇혀 꼼짝할 수 없는 로젠의 모습을 퀜틴 블레이크가 섬세하게 그려 냈다.

로젠은 자신을 떠나 버린 에디에게 화를 낸다. 이는 사랑과 증오를 오가는 양가감정 때문인데, 이것이 병존에 의한 것인지 일치에 의한 것인지는 아직 불분명하다. 보통 사랑을 하면 감정이 오히려 모호해진다. 그래서 한 대상에게 사랑과 증오의 감정을 동시에 느끼게 되는데, 이를 '병존'이라고 한다. 정신증이라면 구강기로의 퇴행이 일어나 사랑과 증오의 감정이 일치된다. 이 경우 애착과 파괴를 구별하지 못한다. 어쨌든 대상을 상실한 뒤에는 양가감정 때문에 증오가 폭발한다. 로젠은 행복했던 에디의 어린 시절을 추억하면서 어떻게 감히 나를 떠날 수 있냐며 절규한다. 당연히 에디의 대답은 들을 수 없다. 에디는 여기 없으니까.

애도의 고통에서 벗어나려면 상실 대상으로부터 리비도를 회수해야만 한다. 이는 사랑의 감정을 떼어 내는 일이니 당연히 고통스럽다. 그래서 주체는 리비도 회수에 '기억'을 이용한다. 대상에 관한 옛 기억을 떠올림으로써 상실한 대상으로 향하던 리비도를 조금씩 없애는 작전이다. 이는 아주 고통스럽고 지루한 작업이다.

로젠이 사람들에게 에디의 이야기를 하고 싶어 한다는 것은 그가 애도 작업을 시작했다는 뜻이다. 에디에게로 향해 있던 리비도를 회수하기 위해 에디에 관한 기억을 풀어 놓는 것이다. 그것은 매우 고통스러운 작업이기 때문에 로젠은 가장 먼저 어머니를 떠올린다. 자기 말에 가장 귀 기울여 줄 사람, 자기가 약해질 때 가장 의지하고 싶은 사람은 아무래도 최초의 타자인 어머니일 테니까 말이다. 그러나 어머니도 로젠 곁에 없다. 말을 들어 줄 사람을 찾아 나서지만, 썩 성공한 듯이 보이지는 않는다.

어느 순간 로젠은 말하기가 싫어진다. 애도 작업이 순조롭게 진행되지 않는 것이다. 리비도가 잘 회수되지 않으면 주체의 애도 작업은 힘들어진다. 로젠의 자아는 쪼그라들었고, 로젠은 세상과 담을 쌓고 자기 안으로만 파고든다. 아들을 잃은 슬픔을 오로지 혼자 감당하려 한다. 아들에 대한 리비도를 힘겹게 회수하더라도 그것이 자아에게만 머물면서 오롯이 '나'에게 투자될 조짐이 보인다. 리비도가 회수되면 일단 자아에게 돌아왔다가 다른 대상에게 다시 투자되어야 애도가 끝난다. 그래서 애도 작업을 시작하려면 우선 리비도를 회수해야 한다. 하지만 자아에게 돌아온 리비도가 다른 대상을 찾지 못하고 자아에게만 지나치게 투자될 경우 멜랑콜리에 빠질 위험이 생긴다.

로젠은 샤워하면서 미친 듯이 비명을 지르기도 하고 숟가락으로 탁자를 탕탕 내리치기도 하면서 화를 낸다. 그는 입안 가득 분노를 담았다가 푸 소리를 내며 뱉어 내 보기도 한다. 로젠은 상실감이 안겨 준 우울 때문에 때로 나쁜 짓도 했다고 고백한다. 자기 몸에 쌓이는 불쾌한 에너지를 밀어내는 게 버거워 보인다.

왜 슬픈지도 점점 더 알 수 없게 된다. 처음에는 아들을 잃어서 슬펐지만, 시간이 지나면서 그 상실감이 불투명해진다. 멜랑콜리의 특징인 '미지의 상실'(잃어버린 것이 무엇인지 분명하지 않은 것)이 나타나고 있다. 로젠은 에디가 없어서 슬픈 것은 아니라고 분명히 말한다. 그가 여전히 힘든 이유는 상실이 극복되지 않아서일 텐데, 리비도가 자아에 머무르는 시간이 길어지면서 무얼 잃어버렸는지 대상 자체가 모호해져 버렸다. 대상이 모호해지면 당연히 애도 작업을 진행하기가 힘들어진다.

애도와 멜랑콜리의 경계에서 글쓰기

로젠은 마음속에 '슬픈 곳'이 생겨났다고 말한다. 그래서 모든 것이 예전 같지 않다. 그래도 그는 포기하지 않고 슬픔과 우울에서 벗어나려 애쓴다. 그런 슬픔이 나만의 문제가 아니라고 생각해 보기도 하고, 스스로 자랑스러워할 만한 일을 매일 한 가지씩 하려고 노력한다. 슬픈 것과 무서운 것은 다르다며, 나는 무서워하는 게 아니라고 자신을 달래 보기도 하고, 스스로가 즐거울 일을 날마다 시도한다. 빈곤한 자아를 본래 상태로 되돌리기 위한 로젠의 노력은 눈물

겹다.

　글쓰기도 시작한다. 그의 글은 상실을 경험한 많은 독자에게 울림과 위안을 준다. 그러나 정작 자신에게는 당장 별 도움이 안 되는 듯하다. 그는 슬픔에 관한 시를 쓰면서 마지막 연은 그냥 사라지고 싶다는 뜻이라고 부연한다.

　그럼에도 애도 과정에서 글쓰기는 중요한 의미를 갖는다. 글쓰기는 상실한 것을 중심으로 언어를 쌓아 올려 상실로 인해 생긴 구멍을 메우는 작업이다. 또한, 대상을 시니피앙화하여 대체 가능한 지점을 만들어 애도 작업을 촉진한다. 대상의 대체가 불가능하면 상실한 대상에 투자한 리비도를 회수하지 못하거나 회수하더라도 새로운 대상이 아니라 자기 자신에게 투자되면서 멜랑콜리에 빠질 수 있다.

　로젠은 문득 창밖으로 세상을 내다본다. 그리고 돌아가신 엄마에 대한 기억, 깔깔거리던 에디가 자라면서 보여 준 그보다 훨씬 많은 추억을 떠올린다. 마지막으로 로젠은 에디의, 사랑하는 사람들의 생일을 떠올린다. 모든 대상이 사라지고 촛불 앞에 홀로 앉은 그의 표정은 다행히 복잡해 보인다. 그는 상실한 대상과의 거리를 인식하고 있다. 상실의 고통이 오로지 자기 비난으로만 치닫고 있지는 않은 것이다.

　그는 분명 애도와 멜랑콜리의 경계에 위태롭게 서 있다. 애도 작업도 순탄치 않아 진행되다 끊기기를 반복한다. 그럼에도 그가 버틸 수 있는 것은 글을 쓰기 때문이다. 세상을 바라보려 노력하고, 자기가 떠나보낸 사랑하는 사람들을 추억하려 노력하고, 촛불을 보려고 애쓰기 때문이다. 로젠의 애도는 현재 진행형이다. 안타깝게도 그의 애도 작업은 아주 오래 걸릴 듯하다.

3

트라우마는 애도 없이
사라지지 않는다

　라캉에 따르면, 타자의 죽음으로 생긴 '실재의 구멍'으로서 트라우마는 주체에게 애도를 요청한다. 타자의 죽음과 같은 대상의 상실이 생기면 주체의 리비도는 해방되어 자아에게 되돌아왔다가 다른 대상을 찾아 다시 투자되어야 한다. 그렇지만 상실한 대상에게서 리비도를 회수하는 과정은 매우 고통스럽다. 사랑하는 대상을 잃었을 때 발생하는 고통과 슬픔은 시간이 지나면 점점 약해지기는 한다. 하지만 트라우마가 클수록 애도 작업이 그리 녹록지는 않다.
　해결책은 타협이다. 옛 대상이 움켜쥐고 있는 나의 리비도를 풀어줄 수 있게끔, 그러면서 내가 옛 대상에 대한 미련을 떨칠 수 있게끔 우리는 기억과 회상을 선행하는 타협을 시도해야 한다. 애도 작업이 순조롭게 진행되려면 우선 사라진 것을 중심으로 언어를 쌓아 올려야 한다는 말이다. 상실하기 전에 그는 어떤 존재였는지, 나에게 어떤 의미의 대상이었는지 등을 이야기로 풀어 가는 것은 상실의 충격을 견디게 하는 중요한 애도의 방식이다.

연장선상에서, 상실 대상은 반드시 흔적이 남도록 해야 한다. 조금 전까지 함께하던 존재가 갑자기 흔적도 없이 사라지면 얼마나 충격이 크겠는가? 그래서 우리는 대상을 상실하는 경우에 반드시 대상의 흔적이 남기를 바란다. 흔적이 있어야 우리가 상실 대상을 기억할 수 있고, 기억해야 애도가 가능하기 때문이다.

이와 관련하여, 정신분석가 대리언 리더는 애도 작업이 순조롭게 작동하려면 네 가지 조건이 필요하다고 보았다. 첫 번째 조건은 상실 대상을 상징적으로 표상하고 거기에 다시 한번 틀을 만드는 작업인 '표상의 표상'이다. 다음은 생물학적 죽음과 함께 상징적인 죽음의 필요성을 제기하는 '죽은 자 죽이기'이고, 세 번째 조건은 상실 대상을 상징적으로 구성하는 작업인 '대상의 구성'이다. 마지막으로 '상실 대상에게 의미 있었던 나 버리기'는 애도 작업을 위한 가장 중요한 조건이다. 내가 상실한 대상을 버리는 일보다 그 대상이 사랑했던 나를 버리는 일이 더 힘들고 중요하다는 뜻이다. 각각의 조건을 그림책과 함께 하나씩 풀어서 살펴보기로 한다.

떠나는 이의 추억으로 남은 이를 위로하는 애도 《내 작은 친구, 머핀!》

사라진 것을 중심으로 언어를 쌓아 올리는 일이 애도라면, 그림책 《내 작은 친구, 머핀!》(울프 닐슨 글, 안나-클라라 티드홀름 그림, 선우미정 옮김, 느림보, 2003)은 가장 충실히 애도를 실행하는 이야기로 볼 수 있다.

그림책은 일곱 살 된 늙은 기니피그인 머핀 아저씨의 죽음을 다룬다. 아저씨의 인간 친구는 화요일부터 심각성을 인지하고 아저씨가 죽는 목요일까지 편지를 보낸다. 아저씨는 그 사흘간 지난 삶을 돌아보며 회상하는 시간을 갖는다.

이야기의 주인공은 기니피그인 머핀 아저씨이지만, 애도 과정을 겪는 것은 아저씨의 인간 친구인 아이다. 이 이야기는 애도 작업의 관점에서 두 부분으로 나누어 살펴볼 수 있다.

첫째는 머핀 아저씨의 회상 부분이다. 그는 파란색 상자 집에서 아픈 몸으로 지난날을 그리워한다. 젊은 시절에는 날씬한 기니피그가 되고 싶었고, 밤처럼 새까맣지만 대낮처럼 아름답던 아내가 있었고, 세상에서 제일 귀여운 아이도 여섯이나 있었다.

커다란 새가 자기 가족을 소시지처럼 노려보던 무서운 기억도 떠올랐다. 한때는 그가 생각하는 세상의 끝까지 가 보기도 했다. 아내 빅토리아는 오래전에 죽었고, 아이들은 모두 떠났고, 아저씨는 지금 아프다. 아저씨는 하루 세 번씩 껴안아 주던 인간 친구와 그동안 먹은 오이, 풀, 건초, 민들레, 우체통에 배달되는 편지까지 자기 삶을 구성해 온 모든 것을 떠올린다.

수요일 아침에 머핀 아저씨는 가망이 없다는 진단을 받는다. 아저씨는 추억이 어린 사진들을 보면서 아버지의 옛 노래를 생각한다. 천천히 걸어 우체통도 확인하고. 목요일에 받은 마지막 편지는 편지 귀퉁이만 조금 씹다가 배가 너무 아파 자리에 누워 버린다. 그리고 죽고 말았다. 모든 신문이 머핀 아저씨의 죽음을 알린다. 아저씨는 손발을 위로 올린 채 누워 있다. 손수건이 담요처럼 덮이고 가장 좋아하는 민들레꽃에 둘러싸인다. 그리고 구름이 잔뜩 낀 쓸쓸한 날, 가장 좋아했던 물건들과 함께 땅에 묻힌다.

머핀 아저씨가 죽음을 기다리던 사흘 동안 아저씨의 삶은 하나의 이야기로 구성된다. 그는 꿈이 있었고, 단란한 가족의 가장이었고, 한때 오이 하나를 통째로 나르던 건장한 기니피그였다. 그것은 아이가 그를 기억할 수 있는 최상의 이야기다. 그의 삶은 아이에게 그렇게 기억될 것이고, 그 이야기가 아이에게 생긴 상실의 구멍을 메워 줄 것이다.

둘째는 아이가 머핀 아저씨에게 보내는 편지 부분이다. 머핀 아저씨가 죽을 수도 있다는 사실을 화요일에 알게 된 인간 친구가 첫 번째 편지를 보낸다. 죽음이 너무 낯선 아이는 몹시 슬퍼한다. 수요일에 보낸 두 번째 편지에서 아이는 죽음이 그렇게 나쁜 일만은 아니라고 말한다. 죽으면 깊이 잠들어 아픈 게 없어지고, 모든 사람은 언젠가 다 죽게 마련이며, 하늘나라에 있는 식구들도 만날 수 있다면서. 그것은 아빠가 전해 준 죽음에 관한 지식이다. 머핀 아저씨의 죽음을 앞두고 힘들어하는 아이에게 아빠가 죽음에 관해 설명해 준 것이다. 인간에게는 의식에도 무의식에도 죽음에 관한 지식이 없다고 앞서 얘기한 바 있다. 그러니까 우리에게 죽음은 언어로 해석된 형태로만 전해질 수 있는 지식인데, 그 지식을 아빠가 아이에게 말해 준 것이다. 목요일의 마지막 편지에서 아이는 죽음을 생각하고 있다고 말한다. 물론 머핀 아저씨 때문이다. 그리고 죽음은 머핀 아저씨가 쉬게 되는 것이니 전혀 무서운 게 아니라고 결론 내린다. 아이는 하늘나라에 가면 모든 게 다 행복할 거라면서 사랑한다는 말로 편지를 끝낸다.

사실 머핀 아저씨는 글을 읽을 줄 모른다. 그래서 편지를 받으면 갉아서 조각을 낸 다음 하늘로 날려 버린다. 편지 자체가 아이의 애정을 보여 주는 것이니, 아저씨는 그것만으로도 위안을 받는다. 그러니까 이 편지는 아이 자신에게 더 유용하다.

사람들은 종종 더는 만날 수 없는 대상에게 편지를 쓴다. 전하지도 못할 편지를 쓰는 것이다. 아이도 마찬가지다. 아저씨가 읽지도 못할 편지를 쓰고 보냈으니 겉으로는 무의미해 보일 수 있다. 그런데 편지는 상실한, 혹은 이제 곧 상실할 대상과의 추억을 떠올리고 기억을 정리할 수 있게 해 준다. 말했듯이 글을 쓴다는 것은 대상을 시니피앙화하는 작업이다. 상실 대상을 의식으로 불러들여 언어로 구성하는 것, 즉 상실을 중심으로 표상의 탑을 쌓는 것이다.

결국, 아이가 편지를 쓰는 행위는 머편 아저씨를 위한 게 아니다. 글은 상실한 대상을 위해서가 아니라, 언어로 이루어진 상징계를 살아가는 현재의 '나'를 위해서 나에게 생길 공백을 메우는 행위다. 언어로 구성한 환상으로 트라우마 앞에 장막을 치는 것이다. 그러므로 편지 쓰기는 자기 자신을 위한 애도 작업이라 할 수 있다.

―――――●―――――●―――――

대리언 리더가 말한 네 가지 애도의 조건 중 첫 번째는 '표상의 표상'이다. 상실 대상을 표상한 후 그것을 다시 한번 틀에 넣음으로써 위상을 달리 해 주는 것이다. 이 작업으로 '나'와 상실 대상 사이에 어느 정도 거리가 만들어진다.

옷걸이에 걸려 있는 스웨터는 실제로 존재하는 대상이다. 나는 그 스웨터를 만질 수도 있고 입을 수도 있다. 그런데 그것을 내가 그림으로 그렸다면, 그것은 실존 대상인 스웨터를 상징적으로 표상한 것이다. 그것은 실재하는 스웨터가 아니기 때문에 나와의 거리감이 생긴다. 그리고 그 그림을 다시 액자에 넣으면, 나와 스웨터 사이의 거리는 한층 더 벌어진다. 이렇게 표상한 대상을 다시 한번 틀에 넣는 작업을 표상의 표상이라고 한다.

애도 작업은 상실 대상을 중심으로 표상을 쌓는 것에서 시작된다.

대상을 언어로 상징화함으로써 구체적인 사물로 드러나게 한다는 말이다. 표상의 표상은 거기에 틀 만드는 작업을 추가하는 것이다. 대상을 표상한 뒤 표상된 대상을 다시 한번 표상해 버리면, 상실 대상과 나 사이에 훨씬 더 거리감이 생기면서 그만큼 애도 작업을 진행하기가 순조로워진다.

네가 떠나간 곳에서 만난 새 친구
《토끼 하늘나라는 어디일까》

《토끼 하늘나라는 어디일까》(킬리안 레이폴드 글, 이나 하텐하우어 그림, 유혜자 옮김, 시공주니어, 2012)는 그림책이 아니라 짧은 동화책이다. 표상을 표상하는 작업을 통해 대상 전환에 성공한 사례로서 함께 이야기 나누면 좋을 책이기에 소개한다.

펠레는 불레가 세상에서 가장 사랑하던 토끼다. 어느 날 불레는 토끼장에서 죽어 있는 펠레를 발견한다. 불레는 펠레가 딱딱하고 차갑게 굳은 몸에서 빠져나와 어디로 가 버렸다고 생각하고 펠레를 찾아 나선다. 펠레의 죽음을 받아들이지 못한 것이다.

펠레를 찾기 위해 삐거덕 할머니를 찾아가니 화덕에서는 장작이 타고 있다. 불레는 죽음이 타오르다 사그라지는 불일지도 모른다고 생각한다. 그러나 불은 꺼지면 다시 붙일 수 있지만, 펠레는 돌아오지 못한다. 불레가 죽은 펠레의 행방을 묻자, 할머니는 촉촉해진 눈으로 펠레가 죽은 할아버지를 만나면 좋겠다며 할아버지가 하늘나라에서 어떻게 지내고 있을지 이야기를 들려준다. 그러나 불레가 하늘나라로 가는 길을 알려 달라고 하자, 할머니는 단지 상상해 본 것이라고 대답한다. 불레는 화가 난다.

이번에는 죽음에 관해 잘 알 것 같은 정육점 아저씨를 찾아간다. 죽은 동물들은 어디로 가는지 묻자, 아저씨는 돼지들은 돼지 하늘나라에, 소들은 소 하늘나라에, 토끼들은 토끼 하늘나라에 간다고 말해 준다. 거기가 어디냐고 묻는 불레에게 아저씨는 하느님만 안다며 필요할 때 쓰라고 큼직한 뼈 하나를 종이에 말아 준다.

버스 정류장에서 불레는 구깃구깃한 양복에 꼬질꼬질한 셔츠를 입고 머리에는 큼지막한 털모자를 쓴 이상한 할아버지 '조'를 만난다. 불레는 조에게 자신의 토끼 펠레가 죽었는데 어디로 가야 펠레를 다시 볼 수 있는지 묻는다.

불레는 조가 따뜻한 눈빛으로 건네준 차표를 손에 꼭 쥐고, 난생 처음 전차를 타고 종점까지 간다. 그리고 조가 말한 대로 구멍가게

옆 터널을 지나 넓은 풀밭에 도착한다. 마침 해가 지자 풀밭은 불그스름하게 변한다. 엄청나게 많은 토끼가 뛰어다니는 풀밭에서 불레는 조의 말을 떠올리며 열심히 펠레를 찾는다. 드디어 펠레와 닮은 하얀 토끼를 발견한 순간, 갑자기 커다란 개가 앞을 가로막는다.

불레는 개 때문에 펠레를 놓쳤지만, 자기를 몹시 좋아하는 듯한 개에게 끌린다. 개가 자기에게 접근한 이유가 정육점 아저씨한테 받은 뼈 때문이라는 것은 한참 뒤에 깨닫는다. 불레가 뼈를 꺼내 주자, 개는 펄쩍 뛰어올라 정신없이 깨문다. 그러는 사이 날이 완전히 저물었다. 불레는 다시 터널을 건너와야 하는데, 깜깜한 터널이 너무 무섭다. 하지만 개에게 의지하여 무사히 터널을 건넌다.

집에서는 한바탕 소동이 벌어졌다. 불레가 말없이 나가서 해가 다 지도록 돌아오지 않았기 때문이다. 불레가 낯선 개까지 데리고 나타나자 식구들은 놀란다. 주인 없는 개라는 걸 알게 된 엄마 아빠는 불레에게 개를 키워도 좋다고 허락한다. 불레는 개에게 '조'라는 이름을 붙여 준다. 개도 불레도 엄청나게 기뻐한다.

불레는 펠레가 갑자기 죽자 그 죽음을 받아들이지 못한다. 펠레가 차가운 몸을 떠나 어딘가에 있을 것만 같았기 때문이다. 평범한 어른들은 아무도 펠레가 어디로 갔는지 답해 주지 못한다. 그런데 불레 눈에도 '미친 사람'처럼 보이는 조는 망설이지 않고 터널 뒤 풀밭으로 가 보라고 말해 준다. 저녁 무렵이면 그곳에서 죽은 토끼들이 살아 있는 토끼들과 만나 달리기 시합을 한다는 것이다. '운이 좋으면' 펠레를 만날 수 있지만, 죽은 토끼를 알아보기란 쉽지 않을 거라는 조언도 잊지 않는다.

여전히 펠레의 죽음을 받아들이지 못하던 불레는 망설이지 않고 전차에 오른다. 생애 처음으로 혼자서 전차를 탄 것이다! 펠레를 다시 보고 싶다는 불레의 열망이 두려움을 이겼다. 종점에 내린 불레는 조가 말한 터널을 바로 찾아낸다. 그런데 터널이란, 더구나 해가 지는 시점의 터널이란 불레 같은 어린아이에게는 극복하기 쉽지 않은 장소다. 게다가 그 터널은 폭도 좁고 천장도 낮고 불도 없다. 터널 안으로 들어가자 뒤에서 어둠이 덮칠 것처럼 다가온다. 불레는 무서워서 반대쪽 터널 입구에서 비치는 불빛을 향해 힘껏 달려간다.

두려움을 참고 터널을 통과하자 넓은 풀밭에는 마침 석양이 비치고 있다. 조와 삐거덕 할머니가 말한 풀밭과 정육점 아저씨가 말한 토끼 하늘나라가 겹쳐지면서, 그곳에 펠레가 있으리라는 확신이 강

해진다. 더구나 그곳에서 펠레와 닮은 토끼를 보기도 했고 말이다. 불레에게 터널 뒤편은 죽은 펠레가 사는 세계, 현실과는 다른 세계로 인식되었을 텐데, 그 경계를 확실히 해 주는 것이 바로 터널이다.

불레는 삐거덕 할머니와 정육점 아저씨를 만나면서 펠레가 확실히 자신과 같은 현실에 살 수는 없다는 것을 알게 된다. 인위적인 틀, 하나의 표상이 만들어진 것이다. 펠레는 그곳을 확인하고 싶어 한다. 여전히 죽음 저편의 세상이 현실과 확연히 다른 이미지로 인식되지 않기 때문이다. 마치 솔거가 그린 소나무가 현실의 소나무와 구분되지 않아 새들이 부딪혀 죽는 것처럼, 불레는 표상과 현실을 명확하게 구분하지 못했다.

불레는 '눈'으로 확인하기 위해, 그러니까 이미지를 확인하기 위해 난생처음으로 혼자 전차를 타는 모험을 감행한다. 사실 그때부터 불레는 낯선 땅에 발을 디뎠다고 할 수 있다. 결정적으로 어두운 터널을 지났을 때, 그쪽에는 환상적인 다른 세상이 펼쳐지고 있다. 터널 이쪽과 저쪽이 전혀 다른 세계라는 것을 불레는 이미지로 확인한다. 터널은 표상으로서 죽은 펠레가 존재하는 그 풀밭이 현실과는 다른 차원이라고 구분해 준다. 마치 액자의 틀처럼 말이다. 표상을 다시 한번 표상한 것이다.

불레는 '그쪽' 세계에서 '이쪽' 세계로 자신을 안내해 준 조(버스 정류장에서 만난 할아버지도 조다.)를 펠레 대신 키운다. 표상의 표상을 통해 불레는 펠레의 죽음을 확실히 인지했다. 그로써 새로운 대상인

조에게 다시 자신의 리비도를 투자할 수 있게 되었다. 펠레를 잃은 슬픔을 딛고 사랑의 대상을 성공적으로 대체한 불레는 그래도 가끔 펠레를 생각한다. 상실 대상과의 간극을 인식한 덕분에 불레의 삶은 더 이상 흔들리지 않을 것이다.

애도를 위한 두 번째 조건은 '죽은 자 죽이기'이다. 죽은 사람을 다시 죽이다니 이게 무슨 불경한 소리일까. 애도를 위해서는 두 번의 죽음이 필요하다는 말이다. 첫 번째 죽음은 생물학적 죽음이다. 유기체의 죽음. 그런데 이것만으로는 대상을 상실한 '나'가 죽음을 받아들이기 어렵다. 이 죽음이 완료되려면 두 번째 죽음, 즉 죽은 자를 다시 죽이는 과정이 필요하다. 죽었음을 표상함으로써 죽음을 선언하는 일이다. 문명 속에서 '죽은 자 죽이기'가 가장 잘 이루어지는 경우가 장례식과 제사일 것이다. 둘 다 유기체로서의 죽음 위에 상징적 죽음을 선언하는 행위다.

상처 난 영혼을 달래는 다정하고도 엄숙한 장례식 《잘 가, 안녕》

그림책《잘 가, 안녕》(김동수 지음, 보림출판사, 2016)은 동물들의 장례를 치러 주는 할머니를 통해 정성스러운 두 번째 죽음을 보여 준다.

할머니가 트럭에 치여 죽은 강아지를 발견해서 손수레에 싣는 장면으로 이야기는 시작된다. 어두운 밤, 할머니의 방에는 여러 동물이 누워 있다. 모두 차에 치여 죽은 동물들이다. 토막 난 뱀, 깃털이 빠지고 배에 큰 상처가 난 부엉이, 바퀴에 깔려 납작해진 개구리, 첫 장면에서 트럭에 치여 배가 터진 강아지, 옆구리 터진 고라니, 꼬리 없는 상처투성이 족제비까지.

할머니는 죽은 동물들을 살피며 토막 난 곳을 꿰매고 정성스레 붕대를 감는다. 깃털을 다시 꽂아 주고 눈을 감겨 주고 흐트러진 털을 곱게 빗겨 주고 터진 상처를 꼼꼼히 꿰맨다. 털목도리를 잘라서 없어진 꼬리도 달아 준다. 그리고 하나하나 정성을 다해 편안하게 눕히고 이불을 덮어 준다.

새벽이 되자 할머니는 동물들을 다시 손수레에 싣고 나루터로 간다. 조각배에 동물들을 눕히고 꽃도 몇 송이 놓아 준다. 오리들이 조각배를 끌고 떠난다. 아침 해가 떠오를 때 할머니는 조각배를 향해 손을 흔든다. 잘 가, 안녕!

동물들의 죽음을 대하는 엄숙함.《잘 가, 안녕》은 애도의 조건 중 '죽은 자 죽이기' 과정을 잘 보여 준다. 신체의 죽음 뒤에 상징적으로도 죽음이 선언되어야 주체는 대상과 완전히 결별할 수 있다. 할머니는 신체적으로 이미 '죽은' 동물들에게 상징적 죽음을 덧씌운다. 동물들의 훼손된 몸을 정성스레 복원하는 과정은 장례 절차 중 '염'을 상징한다.

정성스럽게 염을 하고 꽃을 준비하고 배에 태워 보냄으로써 할머니는 동물들의 상징적 죽음을 선언한다. 이는 죽은 자를 살아 있는 자에게서 완전히 분리하는 절차다. 떠나가는 배를 보면서 할머니는 마지막으로 손을 흔들며 작별 인사를 한다. 이로써 죽음을 온전히

마치기 위해 죽었음을 표상하는 의식이 마무리된다.

———◆———————◆———

애도의 조건 중 세 번째는 '대상의 구성'이다. 상실 대상을 상징적으로 구성하여 시니피앙화하면 내가 잃어버린 대상의 특징들을 객관적으로 바라볼 수 있다. 상실 대상을 전체 이미지가 아니라 여러 개의 시니피앙으로 쪼개어 구성함으로써 그것이 원래 내가 갈망하던 것(대상 a)과 얼마나 거리가 있는지를 느낄 수도 있고, 그중 한 조각을 새로운 대상에게서 찾게 되기도 한다. 즉, 상실 대상이 상징적으로 구성되면 잃어버린 대상의 특징들이 시니피앙으로 작동한다. 알다시피 시니피앙은 연쇄를 통한 환유가 가능하다. 시니피앙으로 작동하는 한 그 대상은 대체 가능한 대상이 되는 것이다. 그러므로 상실 대상을 상징적으로 구성하는 일은 그 대상에게서 리비도를 회수하여 새로운 대상에 투자하기 위해 꼭 필요한 애도의 조건이다.

지금을 함께하는 가족에서 소중한 추억으로 《안녕, 모그!》

그림책 《안녕, 모그!》(주디스 커 지음, 이순영 옮김, 북극곰, 2021)에서는 상실 대상을 어떻게 상징적으로 구성하는지 살펴볼 수 있다.

나이 든 고양이 모그가 죽었다. 가족들은 슬피 울면서 모그를 묻어 주고 모그와의 추억을 이야기한다. 모그는 아직 집을 떠나지 않았기 때문에 식구들이 하는 이야기를 곁에서 같이 듣는다. 나 여기 있다며 소리쳐 보지만 아무도 보지 않는다. 죽은 고양이는 사람들 눈에는 보이지 않으니까.

그때 엄마가 아기 고양이 한 마리를 데려온다. 아직 애도가 끝나지 않은 상태에서 다른 대상을 받아들이기는 쉽지 않은 법이다. 아빠는 고양이가 너무 어리다며 거부 반응을 보이고, 아직 헤어짐을 인지하지 못하는 모그도 그렇게 생각한다. 자기에게 투자될 리비도가 없음을 본능적으로 알았던 것일까? 아기 고양이도 자꾸 도망치기만 한다. 결국 아빠는 키우기 어렵겠다는 반응을 보인다. 모그도 버릇없고 멍청한 고양이라고 생각한다.

　모그의 반응은 자신에게 투자된 리비도가 회수되기를 원치 않는 상실 대상의 저항으로 보인다. 모그에게 이 집이 여전히 '우리 집'이라는 인식은 매우 중요하다. 식구들은 여전히 자신을 사랑하고 또 필요로 하는 존재들이기 때문에 모그가 식구들의 리비도를 꽉 붙잡고 있는 것은 당연하다. 대상이 리비도를 붙잡고 있으니 식구들 또한 모그에게서 리비도를 회수하기가 쉽지 않다. 모그는 자기 자리를 대신할 새로운 대상인 아기 고양이를 경계하고 있다. 아기 고양이가 멍청해서 자기 자리를 차지할 자격이 없다고 생각한다. 자신이 여전히 이 집에 필요하다고 강조하면서 죽은 뒤에도 떠나지 못하는 자신을 합리화하는 것이다.

　그런데 엄마가 잠깐 집을 비운 사이 집 안에서는 한바탕 난리가 난다. 숫기 없는 아기 고양이가 눈 깜짝할 사이에 사라져 버렸기 때문이다. 식구들은 놀라서 아기 고양이를 찾아다닌다. 모그는 법석을 떠는 식구들을 보며 역시 자기가 없으면 안 되겠다고 생각하지만, 소파 밑에서 아기 고양이를 발견하고는 생각이 달라진다. 자신을 알아보고 가르랑거리는 아기 고양이를 자기 대신 이 집에 필요한 존재로 만들어야겠다고 생각하게 된 것이다. 어찌 되었든 온 식구가 아기 고양이를 걱정하고 있으니까.

　모그는 폴짝 뛰고 발을 핥고 신문지 밑에 숨는 것 같은, 귀여운 고양이라면 당연히 해야 할 행동들을 아기 고양이가 잘할 수 있게 돕는다. 그렇게 같이 놀면서 아기 고양이는 점차 이 집에 어울리는 고양이가 되어 간다. 모그를 대체할 새로운 대상의 구성을 모그 자신이 돕고 있는 것이다. 이 과정을 통해 모그는 더 이상 이 집에 자기 자리가 없음을 인식한다. 자기 죽음을 스스로 상징화한 것이다.

식구들이 돌아왔을 때 모그는 아직은 낯설어 쭈뼛거리는 아기 고양이를 다비 쪽으로 살짝 밀어 준다. 아기 고양이가 적응할 수 있게 아주 조금 도움을 준 것이다. 다비는 기뻐하며 쓰다듬어 주고, 아기 고양이는 다비의 손길에 기분이 좋아진다. 목을 간질이고 함께 노는 일도 아주 즐겁다는 걸 아기 고양이도 알게 된 것이다. 모그 덕분에 아기 고양이는 그 집에 완벽하게 적응한다.

식구들은 '소동'이라는 이름을 붙여 주며 아기 고양이를 진짜 식구로 받아들인다. 아빠가 고양이를 보며 마침내 우리 가족이 되었다고 말함으로써 식구들의 리비도는 모그에게서 회수되어 아기 고양이에게 투자된다. 모그라는 상실 대상은 언제나 모그가 생각날 것이라는 다비의 말로써 다시 한번 상징적으로 구성된다. 모그의 죽음이 공식화된 것이다.

리비도를 회수하고 애도를 끝낸다는 것은 상실 대상을 기억에서 지우는 일이 아니다. 대상의 위상을 바꿔 함께하는 일이다. 현재를 공유하는 대상이 아니라 한때 사랑했던 대상으로 기억에 남겨 두는 것이다. 다비가 언제까지나 모그를 기억하겠다고 말한 것은 그래서 아주 바람직한 애도의 태도라고 볼 수 있다. 모든 과정을 지켜본 모그는 자기에게 남아 있던 마지막 리비도를 모두에게 돌려주고 드디어 그 집을 떠난다. 그리고 햇빛 속으로 똑바로 날아올라 간다.

 애도의 조건 중 마지막 네 번째는 상실 대상에게 의미 있었던 '나' 버리기다. 이것은 가장 중요한 애도의 조건이라 할 수 있다. 보통 애도라고 하면 잃어버린 대상을 떠나보내는 일이라고만 생각하는데, 사실은 그렇지 않다. 상실 대상을 잊지 못하는 이유는 물론 내가 그 대상을 사랑했기 때문이다. 하지만 그보다 더 중요한 것은 나도 그 사람에게 소중한 의미를 지닌 대상이었다는 사실이다. 즉 내가 그토록 사랑했던 상실 대상을 포기하는 것보다 그 대상에게 소중했던 존재로서의 나를 버리는 것이 애도를 위해 더 중요한 조건이 된다.

 결국 애도란 그 사람의 결여를 매우는 데 중요하게 작용했던, 그 사람에게 꼭 필요했던 '나'를 버리는 일이다. 이는 내가 그에게 얼마나 중요하고 의미 있는 대상이었는지를 잊어야 한다는 말이다. 당연히 그것은 매우 힘들고 어려운 일이다.

애도에 실패한 해피엔딩
《고양이 유스투스》

상실 대상에게 중요했던 자신을 버린다는 것은 어떤 의미일까? 버리는 데 성공하면 애도가 끝나고 대상의 대체가 가능해진다. 버리지 못한다면? 당연히 애도에 실패한다. 대상 전환에 실패한 이야기를 찾기는 쉽지 않은데, 짧은 동화책 《고양이 유스투스》(에디트 슈라이버 비케 글, 카롤라 홀란트 그림, 배정희 옮김, 소년한길(토마토하우스), 2013)에서 그 예를 찾을 수 있다. 《고양이 유스투스》는 사랑스러운 동화이지만, 상실 대상에게 소중했던 자신을 버리지 못해 결국 대상 전환에 실패한 이야기다.

유스투스는 교통사고로 죽은 고양이다. 그런데 자신을 보살펴 준 인간 친구 다비드를 잊지 못해 하늘나라의 근사한 삶마저 포기한다. 유스투스는 뭐든 마음대로 할 수 있는 중간 나라에 적응하지 못하고 결국 동행 고양이 뮤리엘의 도움을 받아 다시 인간 세상으로 돌아간다. 모습이 달라진 채로. 여전히 유스투스를 잊지 못하던 다비드는 농부 아저씨네 집에 새로 태어난 고양이에게서 생전 유스투스의 습관을 발견한다. 다비드는 죽은 유스투스가 환생했다고 믿고 행복해 하며 새끼 고양이를 집으로 데려간다.

서로 잊지 못하던 유스투스와 다비드가 다시 만났으니 완벽한 해피엔딩으로 보인다. 그러나 둘의 재회는 그리 좋은 결말이 아니다.

언젠가는 또다시 헤어져야 할 텐데, 그때는 어떻게 할 것인가. 영원히 헤어지지 않을 방법이 없다면, 사랑하던 대상의 상실을 받아들이는 수밖에 없다. 그러려면 애도 작업이 제대로 진행되어야 한다. 대상의 상실을 받아들인다는 것은 그 대상에게 투자했던 리비도를 회수하는 것이다. 그런데 다비드는 애도 작업을 전혀 시작할 수 없었다. 바로 상실 대상에게 의미 있었던 '나'를 버리는 데 실패했기 때문이다.

유스투스가 동행 고양이 뮤리엘을 만났을 때 자신의 죽음을 깨닫고 맨 처음 궁금해한 것은 다비드였다. 유스투스는 다비드가 곧 자기를 잊고 새로운 고양이 친구를 만나게 되리라는 말에 조금도 질투가 나지 않는다는 걸 깨닫고 깜짝 놀란다. 이때까지만 해도 유스투스는 중간 나라에서 원하는 삶을 꿈꾸기도 한다. 그러나 다비드의 상태를 확인한 뒤 유스투스는 마음을 바꾼다. 부모님이 걱정할 정도로 자기를 잊지 못하는 다비드를 보면서 유스투스는 돌아가야겠다고 결심할 수밖에 없었다. 자신에게 다비드가 여전히 얼마나 소중한 대상인지 보고 말았으니까.

유스투스는 다비드의 꿈에 나타나 다시 돌아갈 것을 암시한다. 부모님은 새로 태어난 고양이가 있는 농가에 다비드를 심부름 보낸다. 유스투스를 대신할 고양이를 선택해 오길 은근히 바라면서. 처음에 다비드는 꿈에서 유스투스가 꼭 돌아오기로 했다면서 완강하게 거부한다. 그런데 비쩍 마르고 털이 부스스한 고양이가 들보 위에서 왼쪽 귀를 접는 모습을 보고, 다비드는 그 고양이가 유스투스라고 확신한다. 왼쪽 귀를 접는 것은 유스투스가 생각에 잠길 때마다 습관적으로 하던 행동이었기 때문이다. 다비드는 기뻐하며 새끼 고양이를 품에 안는다.

이로써 다비드는 유스투스라는 죽은 대상에게서 리비도를 회수하는 데 실패하고 만다. 유스투스에게 소중했던 자신을 끝내 버리지 못한 탓이다. 동화에서는 유스투스가 돌아와서 해피엔딩을 맞았지만, 현실에서 죽은 대상이 돌아오는 일은 불가능하다. 애도에 실패한 다비드에게 대상의 대체는 이루어질 수 없고, 그가 견뎌야 하는 상실의 고통은 너무 크게 아주 오랫동안 계속될 수밖에 없다.

장례식장에서 사람들은 종종 사랑하는 이의 죽음을 너무 슬퍼하면 그가 좋은 곳으로 가지 못하니 얼른 마음을 추스르라고 말한다. 내 마음에서 소중한 대상을 털어 버리는 것 못지않게 대상에게 소중했던 나를 버리는 작업이 얼마나 중요한지 새삼 깨닫게 하는 말이다.

현실에서는 상실 대상에게 소중했던 나를 계속 붙들고 있다고 해서 상실한 대상이 나에게 돌아오는 일은 일어나지 않는다. 그런데도 계속 그런 마음을 버리지 못한다면, 결과적으로 내가 상실 대상을 놓을 수 없어 끝내 애도에 실패하고 만다. 애도의 조건 중 상실 대상에게 의미 있었던 나를 버리는 것이 가장 중요한 이유는 그것이 상실 대상에게서 리비도를 회수하기 위해 제일 먼저 해야 할 일임에도 가장 힘든 작업이기 때문이다.

| 나오는 말 |

나를 삼킨 언어의 욕조에서
나만의 언어를 건져 올리길

눈 떠 보니 세상이 거기 있었습니다. 이미 있는 언어, 이미 있는 법, 그 안에서 이미 적응하며 살아가는 사람들 속에 '나'는 아무런 준비 없이 던져졌지요. 아기의 첫울음은 어쩌면 알 수 없는 표정과 '말'로 나를 맞던 사람들이 낯설어 터뜨린 두려움의 일성일지도 모릅니다.

우리는 살기 위해 '말'을 배우고 타자의 사랑을 덤으로 얻습니다. 처음 만난 양육자와의 관계 형성에 언어는 큰 영향을 끼칩니다. 더 큰 관계를 위해 세상의 법과 규칙도 몸에 익힙니다. 이제 나는 세상에 완벽하게 적응합니다. 법은 내 안에 내면화되고 내 맘대로 언어를 구사할 수 있게 되었으니, 언어는 내가 세상과 소통하는 하나의 수단으로 전락한 듯 보입니다.

하지만 사실 '나'는 내 마음을 완벽하게 언어로 구사하지 못합니다. 말로 표현되지 못한 채 누락된 무엇은 찜찜함만 남긴 채 기억에서 사라져 무의식을 형성합니다. 살면서 그런 일은 자주 발생하고 그럴 때마다 답답함을 느끼지만 어쩔 수 없습니다. 그것이 언어의 한계니까요. 언어가 하위 수단이라서가 아니라, 원래 있던 언어에 나를 맞춰야 하기 때문에 생기는 일이지요.

 답답함은 또 있습니다. 애초에 타자로부터 말을 배웠으니 '나'의 사고는 타자의 담론에서 벗어나기 힘듭니다. 엄마가 옳다고 알려 준 것, 아버지가 바르다고 주장하는 것, 선생님이 중요하다고 얘기한 것들은 평생 내 안에 머물며 삶을 이끄는 지침이 됩니다. 물론 타자의 양육과 조언이 없었다면 내가 이만큼 올바로 성장할 수 없었을 겁니다.

 타자의 세계에서 이름을 얻고 그들의 담론 속에서 관계 맺고 같이 호흡하며 사는 건 분명 중요하고 의미 있는 일입니다. 하지만 그것만으로는 성에 차지 않는 무언가가 있습니다. 매일같이 하는 일이 문득 허무하게 느껴질 때, '무엇을 위해 이토록 열심히 뛰는 거지?' 하는 회의를 느낄 때, 내가 가고 있는 길에 진짜 내 것은 없다고 생각될 때 우리는 잠깐 멈추어 내 삶을, '나'를 돌아보게 됩니다.

우리가 공허함을 느끼는 것은 언어의 세계에서 누락된, 타자의 담론에 묻혀 사라진 나만의 무엇이 무의식에서 꿈틀거리기 때문일 겁니다. 타자의 언어, 타자의 법 안에서 살다 보니 타자의 욕망을 욕망하는 삶을 살 수밖에 없지만, 인간에게는 누구나 고유한 욕망이 있습니다.

우리는 오이디푸스 콤플렉스와 거세 콤플렉스를 거치면서 상징계에서 '나'의 이름을 부여받습니다. 아버지의 이름을 지표 삼아 최선을 다해 욕망하며 살아갑니다. 그런데도 인생이 허무하다면, 그 욕망이 타자의 욕망은 아닌지 돌아봐야 합니다. 그때가 곧 나의 고유한 욕망을 탐색해야 할 때입니다. 태어날 때는 무방비 상태로 언어의 욕조에 빠졌지만, 이제 그 욕조에서 나만의 언어를 건져 올려 고유한 욕망을 추구해야 할 때입니다.

  책을 읽고 나면 뭐가 달라지려나 기대하셨나요? 당연하지만, 정신분석 이론으로 그림책을 분석한다고 해서 당장 내 삶이 달라지지는 않습니다. 그래도 아주 약간은 후련하지 않으신가요? '그래, 인간은 원래 그런 존재였어. 타자의 담론 안에서 살 수밖에 없지만, 그래도 오롯이 나만의 욕망을 찾아가다 보면 지금 느끼는 이 허무함은 좀 덜해지겠지.' 책을 덮으면서 생각이 여기에 이르렀다면 퍽 다행입니다.

김수영

책에서 소개한 작품

1부. 내 맘대로 안 되는 나

《거울속으로》 이수지 지음, 비룡소, 2009

《파도야 놀자》 이수지 지음, 비룡소, 2009

《고양이는 나만 따라 해》 권윤덕 지음, 창비, 2005

《나도 같이 놀고 싶어!》 우현옥 글, 지현경 그림, 책찌, 2013

《레스토랑 Sal》 소윤경 지음, 문학동네, 2013

《똥벼락》 김회경 글, 조혜란 그림, 사계절출판사, 2001

《창 너머》 찰스 키핑 지음, 박정선 옮김, 시공주니어, 1998

《우당탕탕, 할머니 귀가 커졌어요》 엘리자베트 슈티메르트 글, 카롤리네 케르 그림, 유혜자 옮김, 비룡소, 1999

《제랄다와 거인》 토미 웅거러 지음, 김경연 옮김, 비룡소, 1996

《어부와 아내》 김서정 글, 오진욱 그림, 시공주니어, 2007

《앗! 줄이다!》 조원희 지음, 웅진주니어, 2018

《샘과 데이브가 땅을 팠어요》 맥 바넷 글, 존 클라센 그림, 서남희 옮김, 시공주니어, 2014

2부. 욕망과 관계의 마법

《제제벨 – 착한 어린이 대상!》 토니 로스 지음, 민유리 옮김, 키위북스, 2020

《나무꾼과 선녀》 오정희 글, 장선환 그림, 비룡소, 2011

《헨젤과 그레텔》 그림 형제 글, 앤터니 브라운 그림, 장미란 옮김, 비룡소, 2005
《알》 이기훈 지음, 비룡소, 2016
《피터의 의자》 에즈러 잭 키츠 지음, 이진영 옮김, 시공주니어, 1996
《으르렁 아빠》 알랭 세르 글, 브뤼노 하이츠 그림, 이하나 옮김, 그림책공작소, 2016
《우리 아빠》 앤서니 브라운 지음, 공경희 옮김, 웅진주니어, 2019
《세상에서 제일 힘센 수탉》 이호백 글, 이억배 그림, 재미마주, 1997
《나의 아버지》 강경수 지음, 그림책공작소, 2016
《아주아주 많은 달》 제임스 서버 글, 루이스 슬로보드킨 그림, 황경주 옮김, 시공주니어, 1998
《강아지똥》 권정생 글, 정승각 그림, 길벗어린이, 1996
《책 먹는 여우》 프란치스카 비어만 지음, 김경연 옮김, 주니어김영사, 2001

3부. 무의식, 너란 녀석

《그림자놀이》 이수지 지음, 비룡소, 2010
《괴물들이 사는 나라》 모리스 샌닥 지음, 강무홍 옮김, 시공주니어, 2002
《용 같은 건 없어》 잭 켄트 지음, 노경실 옮김, 교학사, 2004
《좁쌀 한 톨로 장가든 총각》 이상교 글, 주경호 그림, 보림출판사, 1997
《안 그러면!》 알리스 바시에 글, 실뱅 디에즈 그림, 김은숙 옮김, 소금창고, 2013, 절판
《낱말 공장 나라》 아네스 드 레스트라드 글, 발레리아 도캄포 그림, 신윤경 옮김, 세용출판, 2009

《내 모자 어디 갔을까?》 존 클라센 지음, 서남희 옮김, 시공주니어, 2012
《어제저녁》 백희나 지음, 책읽는곰, 2014
《귀신안녕》 이선미 지음, 글로연, 2018
《꽃할머니》 권윤덕 지음, 사계절출판사, 2010
《사랑하는 밀리》 빌헬름 그림 글, 모리스 센닥 그림, 랄프 만하임 엮음, 김경미 옮김, 비룡소, 2006, 절판
《막두》 정희선 지음, 이야기꽃, 2019

4부. 트라우마 달래기

《똑, 딱》 에스텔 비용-스파뇰 지음, 최혜진 옮김, 여유당, 2018
《우리 가족 납치 사건》 김고은 지음, 책읽는곰, 2015
《왜요?》 린제이 캠프 글, 토니 로스 그림, 바리 옮김, 베틀북, 2002
《장수탕 선녀님》 백희나 지음, 책읽는곰, 2012
《알사탕》 백희나 지음, 책읽는곰, 2017
《미영이》 전미화 지음, 문학과지성사, 2015
《메두사 엄마》 키티 크라우더 지음, 김영미 옮김, 논장, 2018
《빨간 나무》 숀 탠 지음, 김경연 옮김, 풀빛, 2019
《내가 가장 슬플 때》 마이클 로젠 글, 퀜틴 블레이크 그림, 김기택 옮김, 비룡소, 2004
《내 작은 친구, 머핀!》 울프 닐슨 글, 안나-클라라 티드홀름 그림, 선우미정 옮김, 느림보, 2003

《토끼 하늘나라는 어디일까》 킬리안 레이폴드 글, 이나 하텐하우어 그림, 유혜자 옮김, 시공주니어, 2012
《잘 가, 안녕》 김동수 지음, 보림출판사, 2016
《안녕, 모그!》 주디스 커 지음, 이순영 옮김, 북극곰, 2021.
《고양이 유스투스》 에디트 슈라이버 비케 글, 카롤라 홀란트 그림, 배정희 옮김, 소년한길(토마토하우스), 2013

수록을 허가해 주시고 도판을 제공해 주신 저작권자 및 출판 관계자분들에게 진심으로 감사드립니다.

참고 문헌

가타오카 이치타케,《라캉은 정신분석에 대해 이렇게 말했습니다 – 나를 찾아가는 라캉의 정신분석》, 임창석 옮김, 이학사, 2019.
김석,《에크리 – 라캉으로 이끄는 마법의 문자들》(e시대의 절대사상 29), 살림, 2007.
김용수,《자크 라캉》(살림지식총서 340), 살림, 2008.
대리언 리더,《우리는 왜 우울할까 – 멜랑콜리로 읽는 우울증 심리학》, 우달임 옮김, 동녘사이언스, 2011.
딜런 에반스,《라깡 정신분석 사전》, 김종주 외 옮김, 인간사랑, 1998.
맹정현,《멜랑꼴리의 검은 마술 – 애도와 멜랑꼴리의 정신분석》, 책담, 2015.
_____ ,《트라우마 이후의 삶 – 잠든 상처를 찾아가는 정신분석 이야기》(프로이트 커넥션 2), 책담, 2015.
무까이 마사아끼,《라캉 대 라캉 – 가장 명료하고 알기 쉬운 자크 라캉》, 임창석·이지영 옮김, 새물결출판사, 2017.
브루스 핑크,《라캉과 정신의학 – 라캉 이론과 임상 분석》, 맹정현 옮김, 민음사, 2002.
_____ ,《라캉의 주체 – 언어와 향유 사이에서》, 이성민 옮김, 도서출판 b, 2010.
_____ ,《에크리 읽기 – 문자 그대로의 라캉》(바리에테 6), 김서영 옮김, 도서출판 b, 2007.
숀 호머,《라캉 읽기》(인문학 코멘터리 2), 김서영 옮김, 은행나무, 2014.
자크 라캉,《에크리》, 홍준기·이종영·조형준·김대진 옮김, 새물결출판사, 2019.
_____ ,《자크 라캉 세미나 11 – 정신분석의 네 가지 근본 개념》, 자크-알랭 밀레 편, 맹정현·이수련 옮김, 새물결출판사, 2008.
장-다비드 나지오,《오이디푸스 – 정신분석의 가장 근본적 개념》, 표원경 옮김, 한동네, 2017.
_____ ,《정신분석의 근본 개념 7가지》, 표원경 옮김, 한동네, 2017.

장 라플랑슈·장 베르트랑 퐁탈리스, 《정신분석 사전》, 다니엘 라가슈 감수, 임진수 옮김, 열린책들, 2005.
지그문트 프로이트, 《꿈의 해석》(프로이트 전집 4), 김인순 옮김, 열린책들, 2003.
_____, 《문명 속의 불만》(프로이트 전집 12), 김석희 옮김, 열린책들, 2004.
_____, 《성욕에 관한 세 편의 에세이》(프로이트 전집 7), 김정일 옮김, 열린책들, 2004.
_____, 《예술, 문학, 정신분석》(프로이트 전집 14), 정장진 옮김, 열린책들, 2003.
_____, 《정신분석 강의》(프로이트 전집 1), 임홍빈·홍혜경 옮김, 열린책들, 2004.
_____, 《정신분석학의 근본 개념》(프로이트 전집 11), 윤희기·박찬부 옮김, 열린책들, 2004.
_____, 《종교의 기원》(프로이트 전집 13), 이윤기 옮김, 열린책들, 2004.
페르디낭 드 소쉬르, 《일반 언어학 강의》(현대사상의 모험 18), 최승언 옮김, 민음사. 2006.
페터 비트머, 《욕망의 전복 – 자크 라캉 또는 제2의 정신분석학 혁명》, 홍준기·이승미 옮김, 한울, 2007.
홍준기, 《오이디푸스 콤플렉스, 남자의 성, 여자의 성》(아난케 정신분석 총서 3), 아난케, 2005.

Fink, Bruce. *The Lacanian Subject – Between Language and Jouissance*. New Jersey : Princeton University Press, 1995.
Lacan, Jacques. "Desire and the Interpretation of Desire in Hamlet." translated by James Hulbert. *Yale French Studies*, No. 55/56. Literature and

Psychoanalysis. The Question of Reading : Otherwise. Yale University Press, 1977.

_____ . Écrits: The First Complete English Edition. translated by Bruce Fink, New York : W.W.Norton & Company. 2006.

_____ . The Seminar of Jacques Lacan, Book III : The Psychoses 1055-1956. edited by Jacques-Alain Miller. translated by Russell Grigg. New York : W.W. Norton & Company. 1993.

_____ . The Seminar of Jacques Lacan, Book VII : The Ethics of Psychoanalysis. edited by Jacques-Alain Miller. translated by Dennis Porter, New York : W. W. Norton & Company, 1997.

_____ . The Seminar of Jacques Lacan, Book XX : On Feminine Sexuality, the Limits of Love and Knowledge(Encore). edited by Jacques-Alain Miller. translated by Bruce Fink. New York : W.W. Norton & Company. 1999.

Leader, Darian. The New Black: Mourning, Melancholia, and Depression. London : Penguin Books Ltd. 2009.

나를 알고 싶어서
그림책을 펼쳤습니다

ⓒ 김수영, 2023

초판 1쇄 발행 2023년 5월 18일
초판 2쇄 발행 2023년 12월 19일
ISBN 979-11-5836-406-9

펴낸이 임선희 **펴낸곳** (주)책읽는곰
출판등록 제2017-000301호 **주소** 서울 마포구 성지길 48
전화 02-332-2672~3 **팩스** 02-338-2672
홈페이지 www.bearbooks.co.kr **전자우편** bear@bearbooks.co.kr
SNS Instagram@bearbooks_publishers
만든이 우지영, 우진영, 김선현, 최아라, 박혜진, 홍은채
꾸민이 김지은, 김아미, 김세희, 이설
가꾸는이 정승호, 고성림, 배현석, 민유리, 김수진, 백경희
함께하는 곳 이피에스, 두성피앤엘, 월드페이퍼, 해인문화사, 으뜸래핑, 도서유통 천리마

이 책은 저작권법에 따라 보호받는 저작물이므로 무단 전재와 무단 복제를 금합니다.
이 책 내용의 전부 또는 일부를 사용하시려면 반드시 저작권자와 출판사의 동의를 얻어야 합니다.